I0839002

VIOLETA HERRERO

ABRIENDO PUERTAS

Una Propuesta de Educación Emocional

Primera Edición.
Buenos Aires: Nueva Generación, 2020.

Segunda Edición.
ISBN: 9798839876873
Amazon, USA, 2022.

DEDICATORIA

Dedico este libro a la memoria de dos personas que fueron muy importantes en mi vida:

Prof. y Lic. Félix Herrero, mi primo,
y Prof. y Mg. Héctor Raúl Marteau,

profesor mío en dos materias y un seminario, y primer director de mi tesis en la Maestría en Derechos Humanos.

Al primero, por el amor de hermanos que nos tuvimos y porque, criticándome siempre y diciéndome que tenía «diarrea mental» por escribir sobre psicología siendo abogada, fue sin embargo una persona que me conectó, desde pequeña, con autores, ideas y saberes que, por la que luego fue mi profesión, jamás hubiera sospechado que existían. Y que tienen que ver, precisamente, con este libro.

Al segundo, porque creyó en mí y me respetó profundamente, alentándome y sugiriéndome paciencia durante mi quimioterapia, momento en que le dije que había perdido mi vida estudiando, y en que él replicó, sonriendo: «Cuando esto termine, volverás a tus libros con ganas». ¡Y tuvo razón! Además, me enseñó que yo no era académica sino una intelectual muy rigurosa. A veces siento que me cuesta ponerme a la altura de su comentario.

Que Dios tenga a ambos en la Gloria.

También lo dedico a todas aquellas personas que,
aunque el mundo parezca un poco torcido, aún creen
que es un lugar maravilloso, donde necesitamos cambiar
algunas cosas para una más fácil y
mágica convivencia humana.
Y están dispuestas a intentarlo.

AGRADECIMIENTOS

Si una obra toma demasiados años, esfuerzos e investigaciones, puede ocurrir que cuando se desea agradecer a todas las personas que fueron significativas para aquella, se olvide a alguna en un rincón de la mente: por eso los agradecimientos, que son necesarios, siempre me hacen sufrir. En esa inteligencia, intentaré no olvidar a nadie. Así agradezco:

A *Beatriz Garrido López*, mi querida «Peluza».

A la Prof. *Nora Montero*.

Al Psicomotricista y Prof. *Miguel Sassano* y al Psicomotricista *Pablo Bottini*.

A la Prof. y Mg. *Ana Simesen de Bielke*.

A la Prof. y Esp. *Paola Guardatti*.

A la Prof. *Silvia Guaymás*.

Al Sr. *Roberto Lorenzo Franco*.

A la Lic. *María Eugenia Herrero*.

A la Prof. *Laura Leonarduzzi* y a la Prof. *Silvia Teruel*.

A la «Seño» *Goldy Ulivarri,* quien me encareció llamarla de este modo, sin titulaciones.

A la dramaturga, docente y directora de teatro, y asistente social *Claudia Mendía*.

Al Rvdo. P. *Francisco Núñez*.

A las Dras. *Blanca Pucheta y Daniela Franco*, y Dras. *Luz María Raya Lavín y Gisella Tula*.

A la Dra. *Bilma Tapia Garzón*.

Al Sr. *Víctor Manuel Hanne* y a la Sra. *María del Milagro Corona*, «Maru».

A la Prof. y Lic. *Violeta del Valle Elía*

PRÓLOGO

Estimada lectora. Estimado lector. Mi nombre es Violeta Elías y hoy me encuentro en estas líneas prologando a mi madre. Un poco a su libro y otro poco a ella, también. No es la primera vez que le prologo una creación literaria, pero puedo reconocer que es la primera vez que lo hago con una conciencia diferente: la que se gana ocupando nuevas responsabilidades en la vida.

Estoy convencida de que este libro propone una mirada inteligente, creativa e incómoda. Al igual que las ideas que propone, y exactamente igual a su autora: inteligente, creativa e incómoda. ¿Por qué diría esta aparente torpeza? Hace años sostengo que mi madre fundamenta sobre hechos que incomodan al sistema judicial -lugar donde se desempeña desde muy joven- al sistema político-educativo y a una sociedad que descansan en lo establecido y necesitan salir de su zona de confort. Aunque ese enquistamiento tenga que ver, entre otras cosas, de profundo análisis, con la conveniencia de una minoría de poder.

Cuando hablo de sociedad, me refiero a todos los actores que la componemos y no a un abstracto. Comprender esto habilita, al mismo tiempo, a pensarnos capaces de lograr un cambio concreto, tangible, sacrificado y de crecimiento *muy lento pero real*, como el que propone la autora.

Nos introduce al microcosmos donde se disparan las ideas sobre las que se edifica este libro: el nivel de violencia con el que convive mucha gente, y que ha naturalizado al punto tal de trascender sus propias fronteras: psicológicas, físicas y sociales. Hablo, concretamente, de violencia familiar.

La autora ha sido testigo de crueles escenarios humanos que la empujaron a pensar en un espacio de transformación, cuando la propia familia ya no es un lugar de aprendizaje saludable para transitar la propia existencia con cierta paz y en armonía. Un escenario de indignación que exige, con premura, recursos científicos y humanos para transmutarlo.

Cuando mi madre me comentó, por primera vez, que tenía esta idea ambiciosa en su cabeza, no pude menos que alegrarme por la osadía, pero también preguntarme por el «cómo». La educación nos pertenece a todos y no podemos dejarla «en manos de otros», sólo «como así». Existe un nosotros que solicita una impostergable transformación en lo referente a la parte de «la construcción humana». Esa que no se agota sólo en la transmisión de valores y costumbres sociales y culturales, sino una que nace de entendernos como humanos en nuestros fueros más íntimos, y que son caros a nuestra condición de carne y hueso.

A este respecto, Violeta H. realiza un exquisito estudio sobre «el mal» como tal, constitutivo en cada uno de nosotros. Estudia en profundidad a autores como Freud, Hanna Arendt, Ulloa, entre otros, para acercarse a aquella «zona oscura», a la que termina aceptando en su inescrutabilidad. Estoy convencida de que aceptar lo insondable del mal humano nos proporciona un marco delimitado pero vasto, sobre el que podemos actuar los profesionales de salud, educación, Derecho, entre otros.

Creo fundamental que, antes de mirar «lo mal que se hacen las cosas en educación», como si fuera exclusivo a los de afuera, deberíamos poder mirar hacia adentro de cada uno y poder preguntar ¿qué estoy haciendo para que esto no funcione? Y haría extensiva esta pregunta hacia cada estamento de la educación.

¿Somos capaces de transferir emociones adecuadas a nuestros niños? ¿Tenemos la capacidad de darlo, de pasarlo al semejante? O lo que es más elemental aún: ¿contamos con esa Inteligencia Emocional? Es una pregunta exigente, pero necesaria. Desde mi experiencia profesional, soy libre de decir que sí: contamos con herramientas capaces de generar una cultura y sociedad más preparadas emocionalmente, para las demandas que se presentan. Basta con darles una oportunidad también a las fortalezas con que contamos y que habitualmente desconocemos, por tenerlas, entre otras cosas, adormecidas. Pero tenemos que entender que toda nuestra sociedad está salpicada por actos de violencia, y pareciera que sólo nos empujan a alimentarla. Baste con ver las noticias y cómo retroalimentamos eso que ya se hace caro a nuestra frágil condición de Ser: el inescrutable mal. O estamos todos enfermos, o estuvimos construyendo nuestra existencia sobre bases peligrosas. Hoy, siglo XXI - aunque no es exclusivo de él-, nuestras emociones están enardecidas, exacerbadas, alteradas, y dar orden a eso requiere de un sólido trabajo artesanal, que implica algo más que sólo formación y disposición para llevarlo a cabo: reconocer el problema. Las preguntas acerca de esto vienen haciendo ruido desde hace mucho tiempo en las cabezas de nuestros pensadores contemporáneos y sus antecesores. Si bien es un recorrido que merece tiempo de maduración, son ideas que ya por el hecho de ser mencionadas, abren una pregunta. Plantan una duda. Frente a la enorme responsabilidad que es «construir» subjetividades, ¿qué tenemos, y a dónde queremos llegar, entonces? Las otras herramientas somos los profesionales del área de salud, educación, Derecho, sociólogos, políticos, antropólogos y todos aquellos que, sin ser de los espacios mencionados, tienen el coraje de hacerle frente al desafío de educar a una sociedad en la emocionalidad, desde sus raíces.

Uno de los hechos que la autora nos trae y analiza con exquisitez, es la tragedia de Auschwitz. Esta le costó a la humanidad repensarse a sí misma desde el mal que le es caro a la condición humana; como así también la responsabilidad que de ella se desprende. Nos habla, en esa parte, de algunos autores que fueron horadados por esta masacre, y busca junto a ellos una respuesta que sirva de ejemplo a las generaciones venideras sobre «el mal» y «el bien». Parece hallar esa luz en Viktor Frankl, y piensa: *«Esta es la punta del ovillo de mi esperanza en la educación emocional»*.

Entonces me pregunto: ¿cuál es la tarea de los «educadores emocionales» en la escuela primaria? Un objetivo debería ser recordar por qué necesitamos repensar, para luego reconstruir, las bases psicológicas sobre las que se asentará nuestra convivencia en sociedad. Y, por supuesto, en lo individual también. Creo, tal vez, que gran parte de nuestra labor sea mantener viva esa memoria que tantas tragedias del siglo XX nos legaron. Entre ellas, las de nuestro propio país. Propongo que el recuerdo no esté teñido de rencor (sobre todo para conseguir réditos políticos), pero tampoco hallaría beneficioso saturarlo hasta producir el efecto contrario: que ya no nos conmueva, o termine por anestesiarnos.

El espacio áulico es un buen escenario para el despliegue de aprendizajes. No caben dudas. En lo personal, sí creo que la escuela acota, reduce, adormece y hasta a veces anula el potencial creativo de los educandos. Del mismo modo creo que en ella son posibles muchos espacios de encuentro subjetivo, que son caros a los desarrollos individual y social. Esta obra narra con dedicada generosidad los procesos que desencadenan nuestros pensamientos, sentimientos y conductas. Conocer esto resulta de gran importancia, sobre todo cuando se quiere comprender una conducta individual en un microcosmos representado, en este caso, por el aula.

Es maravilloso notar cómo se van abriendo preguntas incómodas, inteligentes, creativas: formadas por el molde de su creadora. Pero quiero dejar que quienes lean se puedan ir sorprendiendo con ellas. Merece la pena darse la oportunidad de ensayar una respuesta propia. Este exhaustivo estudio proporciona toda la fuerza que necesita para, si no derrumbar, hacer al menos tambalear los escepticismos propios de lo novedoso. En este caso, esa novedad -instruir, educar y acompañar en el desarrollo emocional a los educandos- nos obliga a pensar, al menos, que hay otros caminos posibles y pasibles de ser transitados en la construcción más compleja y artesanal conocida: la del ser humano.

Agregar a la belleza de los conocimientos científicos, en el aula, la del autoconocimiento de modo formal (curricular), tiene que poder ponernos «patas para arriba» y obligarnos a dar ese paso evolutivo que toda sociedad necesita para su propio crecimiento. De poco nos sirve una sociedad sobrecargada de saberes si ellos no están para acompañarnos hacia un mejor lugar que aquel desde el que empezamos.

No está de más recordar que ésta es una zanahoria, dulce, fresca. Lista para guiarnos en el recorrido. No soy ingenua. Violeta H. lo es menos. Desde allí va proponiendo objetivos reales y cumplibles, sin ambiciones mesiánicas. No obstante, no conozco mejor guía que un buen ideal. *«Ella está en el horizonte... (...) Por mucho que camine nunca la alcanzaré. ¿Entonces para qué sirve la utopía? Para eso, sirve para caminar»* (Eduardo Galeano).

Querida mamá, luego de «leerte» admito que estas ideas son ambiciosas, poderosas e incómodas. Por eso me gustan tanto y por eso acepté de muy buen grado prologar este trabajo. Te conozco literalmente desde las entrañas y sé que tejes una vida llena de palabras capaces de sacudir ese estado de confort al que nos hemos acomodado desde siempre, pero que viene dando señales de que tal «traje cultural» ya no nos entra. No obstante, confieso que en algún momento sentí que podía tratarse de una propuesta mesiánica, más ligada a una actitud megalómana de quien se regocija en el puro conocimiento, que a una propuesta real. Sigo pensando que transformar el sistema que de un modo u otro nos ha dado algún resultado, no es nada fácil, nada cómodo, nada económico (invertir en la formación de sus educadores), y hasta a veces parece más confortable quedarse en la comodidad de lo que no sirve o no es suficiente. Admito que podría llegar a ganarnos la folclórica queja social «la educación en Argentina no funciona», y desde allí elucubrar soluciones que en lo inmediato nadie pareciera querer asumir. Por eso creo que esta propuesta puede funcionar. Y en el peor de los escenarios, si esto resultara en un simple gatopardismo, igual habremos aprendido.

Quiero destacar, por último, la rigurosidad científica,

combinada con claridad y exquisitez literaria, del trabajo que la autora hoy nos lega. Sin mencionar, nuevamente, la valentía que hay que tener para incomodar sobre todo a las altas esferas, con ideas tan punzantes. Propongo la lectura de este rebelde libro, aunque sea para decir «no estoy de acuerdo». Pero haber plantado esa duda, esa posibilidad, aunque sólo remota, habrá valido la pena de su incontable tiempo de trabajo. Nos invito a los distintos actores sociales encargados de la formación humana, y por supuesto a legos, a la aventura de trazar un camino que se dibuja persiguiendo esta zanahoria ya que,

«…dudando y temiendo no se llegará a ningún lado» (V.H.).

Prof. y Lic. en Psicología Violeta del Valle Elía
Buenos Aires, jueves 16 de abril de 2020

PRESENTACIÓN

«El mundo está plagado de personalidades heridas,
de corazones rotos, de seres escindidos,
perdidos en sus pensamientos,
distribuidos en el mapa del mundo formando parte de grupos que,
o bien dominan o bien, son dominados,
que sufren o hacen sufrir,
que ejecutan o son ejecutados,
que se benefician o se perjudican
por la acción de cada uno de nosotros,
por acción y reacción. Todos estamos en juego…»
GUSTAVO FERRER SIEKHINA

Necesito iniciar este libro relatando que es una suerte de hijo desprendido de alguna tesis que escribí. Ojalá sea útil para aquellos que tengan interés. Yo lo tuve y lo tengo en demasía, y diré aquí por qué insisto en la necesidad inmediata de nuestra educación emocional. En estas líneas mis lectoras y lectores verán que propongo introducir la materia «Educación Emocional» (EE) en la currícula de la escuela primaria, es decir entre primero y séptimo grados.

Desde dos perspectivas justifico mi confesado y renovado interés en el tema: personal y profesional. La primera, a su vez, admitiría una distinción: la *búsqueda* del propio autoconocimiento, y la *percepción* sobre el aumento del mal y el sufrimiento de la humanidad en todo el mundo. La primera queda en el dominio interior; la segunda se apoya en la lectura de, y en el contacto con, las noticias de los medios masivos de comunicación.

En lo profesional, desde una Fiscalía Civil que atendía *treinta y cuatro juzgados no penales* (es decir, sin competencia penal), observé violencias de todo tipo reflejadas en los conflictos sometidos a decisión judicial. En toda causa o pretensión jurídica subyace, visible o no, la falta de amor, autocontrol, responsabilidad, sensibilidad, empatía y altruismo de la gente. En aquéllas donde actúan los Estados municipales y provincial se advierte la indiferencia de los funcionarios por el pueblo, la mentira como método operativo, el silencio frente a la necesidad de responder y, a veces en forma clara y otras no tanto, la corrupción instalada como forma de política y gobierno. También se percibe, en general, desconsideración, indiferencia y egoísmo de parte de los poderosos, incluyendo a empresarios y empleadores. Invito a leer la Encíclica *Laudato Si*, del Papa Francisco, sobre el ambiente. Sin embargo, este desborde de violencia y falta de educación emocional se advierte con mayor claridad en los expedientes de Derecho de Personas y Familia, y en los de Violencia Familiar (VIF) y de Género -trabajé en estos últimos durante dieciocho años (hasta el 2 de marzo de 2020, fecha en que dichos expedientes se excluyeron de la competencia de las Fiscalías Civiles y radicaron en las Penales)-. En los primeros (de Familia), se detectan actitudes egoístas, a veces decididamente violentas, y conductas sin solidaridad, en especial hacia hijos, enfermos, discapacitados y ancianos. O sea, los integrantes de grupos vulnerables (Derechos Humanos de Cuarta Generación). Entre dichos expedientes se cuentan los de Medidas Extraordinarias de Protección de Niños, Niñas y Adolescentes. (Hago notar que, en esta obra, en general, voy a pluralizar sobre el masculino -cuando corresponda a femenino y masculino-, por comodidad y no por machismo).

En los expedientes VIF y de Género se torna infinitamente patente el nivel de violencia, en su estructura «ira-hostilidad- agresión» (López Rosetti, 2017-74). En este análisis formularé también distinciones: hay casos de hijos contra padres, y menos de padres contra hijos; de adolescentes y adultos contra adultos mayores; de hermanos entre sí, de cualesquiera edades, y otros más. Lo más frecuente es la violencia de género entre parejas o exparejas (matrimonios, convivencias de hecho y noviazgos), desde adolescentes -casi niños a veces- hasta gente mayor, pasando por todas las edades. Los casos VIF y de Género se dan en la totalidad de los grupos sociales, aunque la gran mayoría que se judicializa, proviene de los estamentos más deprivados y carentes de recursos. Se sabe, además, de una *cifra negra* (casos no denunciados), que abarcaría a parejas pertenecientes a clases de mayores recursos. Entre las denuncias de género abundaban las dirigidas contra las autoridades de fuerzas de seguridad, y a veces contra médicos, docentes y directivos de instituciones educativas, y políticos.

Diferenciaré a *víctimas* de *victimarios*, siendo mujeres la gran mayoría de víctimas y, varones, los victimarios. Tanto del relato de los hechos denunciados como de las pericias interdisciplinarias (psicológica y social) que *a veces* logran practicarse en dichos expedientes, surgen *pautas a tener en cuenta para mi expectativa de cambio mediante la educación emocional*. En dichos *informes periciales* se lee que en las *víctimas* suelen darse «alto monto de angustia», «bajo nivel de alarma», «dependencia emocional», «dependencia económica», «vulnerabilidad», «minimización de los hechos sufridos», «impulsividad», «paralización frente a la figura del denunciado», «baja autoestima», «debilidad yoica», «negación». Con demasiada frecuencia, la misma mujer que denunció, regresa a la relación o, si la corta, casi de inmediato inicia una distinta pero igualmente violenta. Muchas veces, por desesperación económica. Los hijos se multiplican con cada relación disfuncional y, cuando la pareja se rompe, suelen ser olvidados por el progenitor. Las *víctimas* carecen de resiliencia y de todas las habilidades emocionales que podrían ayudarlas a no recaer repetidamente en situaciones parecidas. Por su parte, los *victimarios* utilizan todo tipo de violencia: verbal (coprolalia o cacolalia), física (últimamente se ha observado aumentar la costumbre de patear la cabeza, la cara y el cuerpo), mental, económica (negar el dinero para la vida doméstica y crianza de la prole), psicológica (con amenaza de robar a los hijos, o de muerte y/o de suicidio) y simbólica. Abundan descalificaciones e insultos. Proliferan las adicciones. Los denunciados son descriptos en los estudios psicosociales como no involucrados en la problemática, incapaces de admitir su responsabilidad, dogmáticos, inmaduros, evasivos y evitativos, desinteresados y apáticos, sin empatía ni tolerancia a la frustración, sin habilidades sociales y de relación. Los celos son causa frecuente de violencia y se patologizan en celotipia. Y aunque surge la indignación frente a estos casos, a ellos subyacen historias familiares de increíble tristeza, y tanto victimarios como víctimas sufrieron en la infancia negligencia emocional, maltrato físico / psíquico o abusos sexuales. *Las conductas descriptas atentan contra la dignidad humana, base de los Derechos Humanos, que es el área cultural donde he fincado la mirada.* Cada vez más, me llaman la atención el desamor en que vivimos, la falta de amor a sí mismo -que causa enfermedades y malestar físico y emocional-, la autodestructividad que proviene del consumo de drogas y alcohol, y la antisocialidad, que termina en cuestiones delictuales. En los términos transcriptos y en los usados por mí en este párrafo, es posible encontrar conceptos relativos a la temática emocional, que veremos en posteriores capítulos.

Por otro lado, se da una situación repetida en todas las especies de violencia social y es lo que se denomina «contagio emocional», sobre todo proveniente de la prensa oral, visual, escrita y, hoy, de las redes sociales. «La violencia vende, de modo que sin dudas conviene negar la existencia de un vínculo causal entre la violencia en los medios y el comportamiento violento».

El vínculo entre violencia en los medios y violencia imitativa (por mecanismos inconscientes de imitación) genera «un nivel de automatismo biológico no controlado que socavaría la clásica postura de la autonomía en la toma de decisiones que sustenta el libre albedrío» (Iacoboni, 2012-206/207). La violencia imitativa socava también, a mi parecer, la dignidad de los seres humanos. Esto puede afirmarse sobre cualquier tipo de violencia infligida a otros.

Lo brevemente expuesto, a lo que deseo agregar mi creciente perplejidad frente a lo que percibo como imparable aumento de la desconsideración por el *otro* y de la creativa «maldad» humana, me motivó a investigar las **posibilidades de la educación emocional para la transformación individual y la de los imaginarios socioculturales**, y quiero someter mis ideas (que confieso provisorias, sin intento de imponerlas como verdad) a vuestra consideración.

PRIMERA PARTE

CAPÍTULO I
INTRODUCCIÓN

La propuesta que tengo en mente fue pensada para su aplicación a la Provincia de Salta, donde resido desde siempre, pero tranquilamente podría servir para todo el país u otras provincias, e inclusive otros países.

Dado ese origen 'territorial' -por decirlo de algún modo-, me pareció interesante proponer esta breve introducción.

Argentina integra la región hispanoamericana, cuyos pueblos sufrieron procesos históricos de transformación diversos entre sí, generadores, simultáneamente, de economías tanto metropolitanas como coloniales conformadas según un sistema interactivo basado en la polaridad complementaria atraso / progreso. Al hablarse de *procesos civilizatorios*, es determinante el papel de la tecnología. El autor brasileño Darcy Ribeiro trae a colación las Revoluciones Mercantil e Industrial como de gran impacto para Latinoamérica, en tanto «produjeron la 'civilización europea occidental' en sus perfiles capitalista-mercantil e imperialista-industrial»; otorgaron privilegios a algunos pueblos, revistiéndolos de poderes de dominio y explotación de los demás, a la vez que degradaban a otros, «transformándolos en condiciones de existencia de los primeros» (Ribeiro, 1985-32); «esta modernización, al ser regida por los agentes de la dominación colonial asociados a las clases privilegiadas locales -en un esfuerzo de apropiación de los productos del trabajo de los pueblos colonizados y de preservación de los privilegios de las clases dominantes-, condicionó las potencialidades de la nueva tecnología al mantenimiento de los vínculos externos y a la preservación de intereses minoritarios»

(Idem). Aquí se revela una polaridad anunciada: privilegio de quienes se incorporaron a la civilización industrial, y miserabilidad de quienes quedaron excluidos de ella (Idem, 33). Sin olvidar que en los países dependientes quedan fuertes *enclaves coloniales*, a tono con los intereses de unos pocos.

Como país sudamericano que es, trataré de mostrar *la configuración histórica de Argentina, que generó determinados imaginarios socioculturales*. En ella predominaron la religión católica, el origen latino e hispánico y el atraso en incorporar los modos de vida de las civilizaciones industriales modernas (Idem, 449). Los dos primeros siglos desde la conquista, se originó una protoetnia mestiza española/indígena que, al llegar las corrientes migratorias de Europa, ya había ocupado gran parte de las tierras argentinas con población y ganados, construido numerosos núcleos urbanos y obtenido su independencia política. Ahora estaban diezmando a los nativos que quedaban.

El *orden social resultante* muestra así un patriciado criollo dirigente, el gauchaje y luego los inmigrantes que lo reemplazaron. La historiografía dominante de este país omitió incorporar muchas de las realidades de su proceso civilizatorio, 'olvidando' primero a nativos, negros, gauchos y, luego, a la inmigración proveniente de distintos países, de donde surgió también la novedosa *clase media*. Fragmentariamente aún, existen trabajos académicos que intentan visibilizar esa historia. En Argentina, los criollos prepararon y condujeron el proceso independentista. Podemos imaginar quiénes fueron los soldados y milicianos que marcharon a la guerra y a las guerrillas, con miras a su libertad. Sin embargo, terminada la acción militar, la clase más pobre fue apartada y el gobierno político y económico se consolidó en manos de la clase dominante. En la nueva organización social relativa a la actual Argentina, se agudizó la contradicción preexistente, al manifestarse tres proyectos políticos: el del *patriciado urbano*, siempre aspirante a perpetuarse en el control del comercio exterior y la aduana porteña, que ya lo había enriquecido; la *oligarquía territorial* de las provincias, que propugnaban un federalismo más favorecedor para ellas, y el *proyecto nacional-autonomista* de Francia y de López (Ribeiro, 1985-454). Finalmente, se generó un pacto entre clases urbanas privilegiadas y oligarquías agrarias, consolidándose el monopolio de la tierra en los caudillos y la hegemonía política bonaerense. A su vez, este grupo que intentaba sentar las bases de una economía sustentada en la exportación de carne, quedó enfrentado al de los gauchos que vivían libres en los campos. Mientras sólo se exportaron cueros, no hubo problema en tolerarlos pues con su modo de vida cumplían importante tarea en el sistema económico. Pero a medida que se fue consolidando el pacto puerto/ provincias, resultaron marginados e impulsados a encerrarse en las estancias, perdiendo su anterior libertad campestre.

Otro cimbronazo social ocurrió con la llegada de los inmigrantes en forma masiva. Al brindárseles todas las oportunidades de trabajo y ascenso social dentro del sistema productivo pastoril y agrícola, quedaron nuevamente desplazados los gauchos y los criollos pobres (Idem, 455). Para el patriciado, el gauchaje -salvajes de chiripá y espuelas- era inadecuado como soporte de una nación.

Salta es una de las veintitrés provincias argentinas, situada en el norte del país. Es una de las más destacadas «provincias preexistentes» (en términos constitucionales – Preámbulo de la Constitución Nacional-). En ella fue muy controvertida la cuestión de las identidades sociales y políticas gestadas a fines de la colonia y, luego, durante los procesos de independencia y construcción de los estados nacionales. Tales identidades se sustentaron en representaciones sociodiscursivas que dieron origen a núcleos duros de la cultura, permitiendo concretar prácticas sociales (religiosas, rituales, políticas, de género, literarias y mediáticas, entre otras) que vinieron a dar en la producción de distintas subjetividades. *Declarada la independencia, persistió el imaginario sociocultural moldeado desde el período colonial.* Dicho imaginario, que impregnó todas las producciones de la época,

23

bien puede ser denominado *paradigma de la colonización interior*. Dos académicas salteñas compilaron una serie de ensayos que abarcan desde el siglo XVIII hasta el XXI, investigando las dimensiones cultural, política y social de entonces. Dicha indagación permitió identificar como paradigma ínsito a la sociedad de la postindependencia el opuesto *superioridad / inferioridad*, y el significado que adquirieron para aquella población los significantes *patria, región, nación, provincia, ciudad, campo, metrópoli*. De ese espacio conceptual emanó un *imaginario local* que incidió en las identificaciones colectivas hasta hoy en vigencia. *Lo importante de conocer estas formaciones identitarias radica en la productividad del antiguo paradigma, cuya vigencia acaba de denunciarse* (Mata &Palermo, 2011-10).

Según Zulma Palermo, en Salta fueron los *criollos ilustrados* quienes perpetuaron la *colonialidad* después de transcurrido un siglo de la independencia jurídica. Pero su «aproximación crítica» no se detiene en el siglo que acaba de pasar, sino que se relocaliza y recontextualiza en la primera década del siglo XXI, ante el fenómeno de la globalización. La cual *«no es neutra sino que se funda en los mismos vicios de los modelos discriminatorios del pasado potenciándolos y multiplicándolos; dado su alcance, genera niveles de exclusión nunca antes sospechados»* (Mata & Palermo, 2011-41, nota 1; mi resaltado). Ella sustenta la idea de que es preferible hablar de *subjetividades* y no de *identidades*, a fin de desencializar la noción (Idem, 41/42 y notas). *La **identidad** hace a la esencia y la **subjetividad** se construye culturalmente y puede ser modificada.*

La formación de las nuevas subjetividades en Latinoamérica fue sistemáticamente digitada desde la **educación primaria**, a partir de los primeros tiempos nacionales y provinciales. Desde el siglo XIX la clase dominante ensayó el uso de tres *prácticas disciplinarias*: manuales de urbanidad, constituciones y gramáticas de la lengua. Su denominador común, la escritura. *Tanta producción escrituraria sirvió para reglamentar la conducta de los actores sociales, establecer las fronteras entre unos y otros, y dar certeza a existir dentro o fuera de esos límites discursivos.* Se definió un tipo deseable de subjetividad: la *ciudadanía*, invención que creó un campo de identidades homogéneas posibilitadoras de un proyecto de gobernabilidad. Sólo podían adquirirla, al principio, varones blancos, padres de familia, propietarios, católicos, letrados, heterosexuales (Beatriz González Stephan, cit. por Castro-Gómez, en Lander, 2003-148/149). En efecto, la palabra escrita construyó leyes e identidades nacionales y significó crear/ordenar un modo de comprensión del mundo y de lo humano en términos de exclusiones e inclusiones. Formalizadas las legalidades por las constituciones, fue el turno de la pedagogía, que representó la gran posibilidad de concretar las nuevas subjetividades deseables. La escuela devino una suerte de internamiento donde se disciplinó las mentes y los cuerpos de los niños a fin de convertirlos en 'útiles a la patria', en productivos para la sociedad (Castro-Gómez en Lander, 2003- 149). Sin embargo, cuando González Stephan analiza el valor de la escrituriedad, no acentúa su pensamiento en la escuela en tanto 'institución de secuestro' sino en otras «tecnologías pedagógicas como los manuales de urbanidad, y en particular del muy famoso de Carreño, publicado en 1854. El manual funciona dentro del campo de autoridad desplegado por el libro, con su intento de reglamentar la sujeción de los instintos, el control sobre los movimientos del cuerpo, la domesticación de todo tipo de sensibilidad considerada 'bárbara'. No se escribieron manuales para ser buen campesino, buen indio, buen negro o buen gaucho, ya que todos estos tipos humanos eran vistos como pertenecientes al ámbito de la barbarie. Los manuales se escribieron para ser 'buen ciudadano'; para formar parte de la *civitas*, del espacio legal en donde habitan los sujetos episte-mológicos, morales y estéticos que necesita la modernidad» (Idem, 149/150). Tales *manuales de urbanidad* fueron direccionados a conseguir una sociedad bien ordenada y civilizada, donde el nuevo ciudadano burgués, integrante del grupo social emergente en toda Latinoamérica, debía saber cómo conducirse y comportarse, cómo comer, cómo sonarse la nariz, cómo hablar y cómo tratar a los *sirvientes*. Se buscó generar perfecta etiqueta, apariencias rígidas y máscaras sociales. A mi criterio, esto último acepta bien el nombre de *gazmoñería social*.

Lo descripto se cumplió también en Argentina y, obviamente, en Salta. Leyendo la historia del héroe salteño en Bernardo Frías («Historia del General Güemes y de la provincia de Salta o sea de la independencia argentina») se reconoce, en la voz autorial, todo el esfuerzo de construcción de un pasado histórico, donde juegan tanto las tradiciones cuanto la investigación de la historia. No en vano suele decirse que Salta es aún feudal. Quienes estudiamos la gesta güemesiana y la génesis de la independencia argentina, podemos afirmar que todos los grupos sociales existentes a principios del siglo XIX concurrieron a la tarea de la guerra. Respecto de los aborígenes -apenas mentados por los historiadores- y de todas las otras etnias, generalmente reducidas al término *gaucho*, las motivaciones fueron diversas, aunque es factible sostener que su propósito era adquirir sus tierras en propiedad. De hecho, el general Güemes se lo prometió. Pero todo ese caudal humano, finalizada la guerra de la independencia y a la hora de construir el Estado Nacional sobre bases políticas y jurídicas, fue desplazado por la clase dominante, e invisibilizado. Véase el art. 67, inc. 15 de la Constitución Argentina de 1853 («Corresponde al Congreso: Proveer a la seguridad de las fronteras; conservar el trato pacífico con los indios, y *promover la conversión de ellos al catolicismo*» -mi cursiva-) para advertir la discriminación a los sobrevivientes de las naciones indígenas originarias, sobre las cuales recién se volvió en la de 1994, con normativa basada en su reconocimiento ancestral y que, desde un punto de vista judicial y práctico es aún muy resistida. En conclusión, el imaginario salteño *está inmerso aún en el paradigma de la colonialidad*[1], pese a existir mayor apertura social y normativa a ideas teóricamente no coloniales. La precedente descripción histórica tiende a mostrar de qué modo el imaginario social anclado en la violencia podría ser paulatinamente disuelto mediante la *educación de las emociones y los sentimientos*, es decir de la afectividad, *que precisamente tiende a generar conductas privadas y públicas sin violencia.*

Estimo que el panorama descripto se repite, con más o menos matices y diferencias, en varios sitios de este país y en la mayoría de Latinoamérica. Por ello, más allá del *Anexo que agrego a la obra y se refiere a Salta,* me atrevo a pensar que las reflexiones volcadas en este libro serán útiles en todos los casos.

[1]Por su difusión, elegimos usar la voz *paradigma* en uno de los sentidos que Thomas Kuhn le dio en «Historia de las Revoluciones Científicas» (1962), es decir uno de los veintiún significados que la problemática palabra tenía en la obra original, según su crítica Margaret Masterman: el de *modelo* (Gaeta y Gentile, 1995-31).

CAPÍTULO II
DERECHOS HUMANOS Y PERSPECTIVA EPISTEMOLÓGICA

Derechos Humanos (DDHH)

Deseo explicar por qué abordo la cuestión de los Derechos Humanos en un libro sobre Educación Emocional (EE). Mi razón es simple: el fundamento de ellos es para mí sentimental y en EE se busca comprender el mundo humano sentimental / emocional.

La expresión Derechos Humanos (DDHH) mereció todo tipo de descalificaciones en las últimas décadas. Por eso, es oportuno resaltar un par de situaciones. Cuando se habla del *Derecho Internacional de los Derechos Humanos*, específicamente se está haciendo referencia a su defensa (hablando desde Argentina) en los sistemas de la Organización de las Naciones Unidas (ONU) y de la Organización de Estados Americanos (OEA). Lo característico de ellos es que se puede denunciar al Estado Nacional en tanto sujeto pasivo de juzgamiento por violaciones a derechos humanos dentro de su territorio. Por otra parte, en general acostumbramos llamar derechos humanos a todos los que en nuestra calidad de varones y mujeres nos corresponden y esgrimimos en situaciones no necesariamente de reclamo, o judiciales, aunque sí convencidos de que nos son debidos.

Una de las 'cualidades' que más reiteradamente se les ha asignado, en especial por las miradas de izquierda, es la de servir a las clases dominantes. A su vez, parte de nuestra sociedad entiende que los DDHH sólo existen para salvar el pellejo de los delincuentes subversivos y para dejar libres a los delincuentes comunes. Más allá de que en un país ciertos hechos sociales y políticos, más o menos manipulados, generen en las personas-promedio esas creencias, lo cierto es que los

Derechos Humanos (teoría) poseen juridicidad exigible aun jurisdiccionalmente (en tribunales nacionales e internacionales); tal característica los torna *normativos:* son *Derecho.* En la República Argentina, que en la reforma de la Constitución de 1994 incorporó (art. 75, incisos 22 y 23) tratados de aquel tenor *con rango constitucional* (e idéntica jerarquía que la Carta), no pueden quedar dudas acerca de su aplicabilidad y normatividad. Por ese motivo -aclarar las ideas- suelo hablar de **«*Teoría Normativa de los Derechos Humanos*»** (TNDH). Y es ese sentido normativo, justamente, el que en estas líneas *neutralizará su posible significado ideológico.*

Por fin, se descree de ellos también porque el sistema de la ONU no ha logrado evitar las guerras protagonizadas o toleradas por los países centrales.

Es comprensible que las opiniones fluctúen en la apreciación de los DDHH, dados sus indudables orígenes revolucionarios. Cuando, para obtener determinados logros, las comunidades pasan por derramamientos de sangre, su carácter emotivo no permite juicios de absoluta racionalidad. «Únicamente desde una perspectiva acrítica y dogmática se pueden ocultar los defectos de la Revolución Francesa, como los de todas las revoluciones que le han seguido. *La historia de los derechos humanos se ha ido construyendo paralela a esos experimentos revolucionarios y, como no podía ser de otra manera, también ha debido cargar con los errores, horrores y miserias de las revoluciones»* (Peces-Barba *et al*, 2001- 381; mi resaltado).

Sobre los **fundamentos** de los derechos humanos se han escrito miles de ideas, aunque básicamente puede decirse que, para algunos, su origen es la naturaleza humana (serían Derecho Natural) y, para otros, nacerían con la suscripción de tratados y demás documentos internacionales (serían Derecho Positivo). Detenerme en tales argumentaciones exige profundos conocimientos de Filosofía del Derecho y no las creo necesarias para este trabajo.

Sí daré mi opinión al respecto, ya que hablaré luego del

derecho a la educación. En tal sentido, considero que los DDHH son los que fluyen en forma natural de cada ser humano, precisamente por su humanidad. Sin perjuicio de ello, es conveniente que se encuentren escritos en documentos que nacieron y nacen del consenso de los pueblos que los firman. *Ello así, porque se los puede conocer y reclamar mejor.* A su vez, aunque también en esto difieran los autores, llamaré aquí derechos *humanos* a tales derechos en general y, derechos *fundamentales* a los que fueron receptados por las constituciones de los países, como en el nuestro. En esencia son lo mismo.

Perspectiva Decolonial

Dentro de los DDHH pueden elegirse distintas perspectivas de estudio. Yo opté por la decolonial ya que postula la estricta igualdad de todos los seres humanos. La cantidad de autores que desde hace más de veinte años cultivan este enfoque (agrupados en el Colectivo Modernidad / Colonialidad) enriquece y complejiza su estudio a fondo, por lo que aquí sólo explicaré lo básico de su contenido, en orden a poder ligarlo con el tema de la Educación Emocional.

Analizar la *decolonialidad* implica la necesidad de recordar qué es la *colonialidad, concepto que doy por conocido.* Sólo aclararé que al *ego cogito* (pienso) cartesiano, la colonialidad le agregó el *ego conquiro* (conquisto), tarea que realizaron todos los pueblos conquistadores de la Tierra, pero en relación con AméricaLatina, especialmente España y Portugal. La cuestión ideológica que despertó el «descubrimiento» de América es tan amplia que no la expondré aquí, pues ha merecido tratados filosóficos enteros. Sólo referiré que Enrique Dussel, uno de los más lúcidos cultores de la decolonialidad, lo llamó «encubrimiento de América», precisamente porque se invisibilizó -teórica y prácticamente- a sus habitantes y a las respectivas culturas preexistentes. Pensemos en cómo se negó que los originarios americanos tuvieran alma, y cuánta tinta corrió hasta que la Iglesia Católica decidió reconocerles el alma y la humanidad. *Epistemológicamente,* el racismo más puro lo desarrolló la antropología kantiana, que tampoco he de desarrollar, pero que traigo a colación porque de ella surgió la descalificación, la discriminación por razas -color de piel-, el aplastamiento, la explotación y la bestialización / puerilización de aquellas magníficas naciones indígenas, ricas en conocimientos ancestrales. Desperdiciadas por la soberbia europea, que creó ingentes mayorías de personas *subalternizadas,* puestas en el lugar de subalternas para poder explotarlas mejor. El racismo inventó un *otro* despreciable, inferior y, por ello mismo, explotable y humillable de mil maneras diferentes.

Las teorías críticas de la cultura confrontaron los postulados de la visión colonial -paradigma que entre otras cosas comprende el machismo, el militarismo, el autoritarismo, cualquier conducta que desprecie y humille al otro, sea mujer, niño, discapacitado, conquistado, homosexual, obrero, lumpen, etc. Entre esas teorías están los Estudios Latinoamericanos y los del Sudeste Asiático. Por su parte, la decolonialidad se diferencia de ellas en el hecho de que propone una nueva terminología, es decir la posibilidad de hacer la crítica desde parámetros epistemológicos no provenientes del conquistador, y dando voz a los reales protagonistas del horror y del dolor vividos en distintas épocas. El pensamiento decolonial pretende reconocer cada una de las *pequeñas historias y pequeñas voces* que jalonaron la historia de nuestra región.

Ahora puedo expresar en qué consiste la *decolonialidad.* Mi idea: *concepto construido fuera de los límites epistémicos, lingüísticos o categoriales de la colonialidad, dentro de cuyo espacio se recepta la respetuosa escucha de las historias, tradiciones, voces, mitos, religiones y demás manifestaciones sociales, políticas y culturales ancestrales o actuales, testimoniadas y re-*

latadas por sus protagonistas, los subalternizados de la hegemonía dominante de Occidente, tanto en el pasado como en la actualidad. Este proyecto busca recuperar activamente la calidad de sujetos sociales, políticos, históricos y de conocimiento, que fueran invisibilizados, olvidados, desplazados, por la episteme occidental euroamericana. A su vez, se propone encontrar modos de producción alternativos al capitalismo, dando cabida a las producciones culturales de donde aquéllos provienen. (Agradezco al Mg. Héctor Raúl Marteau la supervisión de este concepto, y la sugerencia de agregar la última frase).

Mi elección de esta perspectiva epistemológica de los DDHH apunta a descubrir al verdadero *otro* de las relaciones humanas, pensando que la educación del mundo emocional abre grandes puertas hacia esa meta.

El derecho humano a educarse

Afirmo que *educarse y educar a otros* es un derecho humano. La gente, en general, siente que tiene ese derecho, al menos en nuestro país. El Derecho Argentino nacional e internacional ha recibido numerosas normas relativas al *derecho a la educación* y, precisamente, como *derecho fundamental*. Ello genera una pregunta: ¿es imprescindible el derecho a educarse? En caso afirmativo, ¿lo es tanto como el derecho a la salud, al trabajo, a los alimentos o a formar una familia? La respuesta es *sí*. El fundamento lo proporcionan las Ciencias de la Educación y la Pedagogía (sin perjuicio de otros saberes). Se ha dicho: «Todos nos educamos; a todos nos enseñaron cosas, dentro de la escuela y fuera de ella [...] Desde esta perspectiva, todos sabemos de educación, porque todos vivimos la educación» (Gvirtz, Grinberg & Abregú, 2008-13). A continuación, este título: «¿Por qué educamos?», y la respuesta autoral: «La educación es un fenómeno necesario e inherente a toda la sociedad humana para la supervivencia de todo orden social. Sin educación, cada individuo, cada familia o cada grupo social tendría que reconstruir por sí solo el patrimonio de toda la humanidad: volver a descubrir el fuego, inventar signos para la escritura, reconstruir la fórmula para elaborar el papel, reconquistar los saberes para edificar una casa o para curar ciertas enfermedades. Hacer esto, en lo que dura una sola vida, es materialmente imposible» (Idem, 14).

La ciencia conoció -entre los siglos XIV y XIX- más de cincuenta casos de niños criados fuera de la educación y la cultura; fueron llamados *niños-lobo*. Es famoso el caso del *sauvage de l'Aveyron*, preadolescente que apareció, en condiciones animales, en el sur central de Francia, el 18/01/1800. Salvaje como era, el médico francés Jean Marc Gaspar Itard se convirtió en su tutor y trabajó con él entre 1801 y 1807. El niño tenía once o doce años y había sobrevivido en un bosque como un animal. Lo capturaron cuando se acercó al pequeñísimo poblado de Saint-Sernin (provincia de Aveyron) en busca de alimento, dadas las duras condiciones climáticas reinantes. Su tutor lo llamó Victor y sobre él escribió que mordía y rasguñaba a cuantos se le acercaban y que no demostraba ningún afecto por quienes lo cuidaban. Interesa destacar la cuestión del *afecto*. En aquella época, los filósofos habían empezado a interrogarse por la naturaleza esencial de los seres humanos: ¿son innatos o adquiridos los comportamientos, las cualidades e ideas que los definen? Este niño feral fue seguido y observado en busca de respuestas sobre qué impacto provoca la *crianza* en la *naturaleza humana*, y qué efecto posee el contacto social durante los años de formación de la persona. Si faltó, ¿es posible superar esa carencia? Itard fue discípulo del famoso Philippe Pinel, uno de los impulsores de la psiquiatría; su interés radicaba en la díada *naturaleza / cultura*. Incluyó entre sus conclusiones sobre el niño de Aveyron que la «superioridad moral, que se dice es natural del hombre, sólo es el resultado de la civilización que lo eleva por encima de los demás animales con un gran y poderoso móvil. Este móvil es la sensibilidad predominante de su especie» (Idem, 15).

Se puede, entonces, conceptualizar a la *educación* como

34

«el conjunto de fenómenos a través de los cuales una determinada sociedad produce y distribuye saberes, de los que se apropian sus miembros, y que permiten la producción y la reproducción de esa sociedad» (Idem, 20). En una sociedad se requiere, para que subsista, de tres tipos de reproducción: biológica (demografía), económica y social / cultural. Este último tipo configura los imaginarios socioculturales, aunque dicho imaginario alimenta también, e impacta en, las otras dos clases de reproducción. Precisamente, cuando las prácticas educacionales tienden «a transformar el orden establecido y a crear un nuevo orden, estamos ante prácticas educativas productivas» (Idem, 17). Se trata de acciones que se proponen producir algo diferente en lo social. Dicha idea es también importante para estas reflexiones, ya que algo sólo puede cambiar la realidad cuando tiene *poder*, siempre y cuando tal término se entienda como capacidad de incidir en la conducta de otro/s para modelarla. *Toda educación posee algún tipo de poder.* Las pensadoras seguidas expresan que en las *instituciones* y en la *democracia* existen necesariamente las relaciones de poder, de modo que es importante, si de construir la segunda se trata, reconocer que existen las relaciones de poder, lo cual no es malo sino la realidad dentro de la que vivimos. Quizás el ámbito educativo sea uno de los más atravesados por ellas. Pero, ¿qué tiene que ver todo esto con el *saber?* Pues bien: «Esto es el saber. El *saber* no es sólo *información*, pues él incluye el saber actuar de una manera eficaz; por lo tanto, el saber es también una *conducta*» (Gvirtz, Grinberg & Abregú, 2008-19; mi resaltado). Estimo que *la alfabetización emocional propuesta como núcleo de este libro no sólo debe consistir en información sino en especial en la posibilidad de llevar dicho bagaje a conducta eficaz, a acciones y comportamientos efectivos.* **Toda conducta subjetiva, antes o después, se socializa. Y allí brotan las posibles modificaciones del imaginario social vigente.**

En similar dirección se ha concluido que el humano es un

ser vivo peculiar; nace *indeterminado* y a lo largo de su vida debe desarrollarse y resolverse a sí mismo. Siendo individuo, requiere de la sociedad formada por sus semejantes y de sus propias capacidades cognitivas, que lo llevan no sólo a la contemplación teórica sino también a la acción práctica. Horacio dijo: «*Homo artifex sui*», ya que es un ser *inacabado*, que nace en aparente indigencia y «debe hacerse a sí mismo para ser capaz de responder de su propia vida» (García Aretio *et al*, 2009-21); «[l]a educación es algo específico y exclusivo de la naturaleza humana», ésta es la que exige «un proceso de optimización, de humanización» (Idem). Del estado natural de *hominización* en que se encuentra al nacer, para resolver su naturaleza inacabada cuenta con el proceso de *humanización*, que le viene por su educación y acceso a la cultura. Está suficientemente probado que su *comportamiento* no es mera respuesta biológica predeterminada ni simple adaptación de su organismo al entorno vital, sino que su inteligencia le permite dominar sus instintos y posibilita su aprendizaje, tomado éste como proceso de génesis de *nuevas conductas y modos de comportamiento* ante las situaciones novedosas. Ello lo empuja a convertirse en un *ser radicalmente abierto al mundo* (García Aretio *et al*, 2009-21). En este punto resalta una cuestión básica: *la necesidad de optar por un determinado perfil de ser humano, ya que todo proyecto educativo se solventa sobre un modelo antropológico*, un modo de entender al ser humano que condicionará el sentido de la educación y de las propuestas de intervención estatal en dicho proyecto. Ello, porque el humano posee determinadas características que no se pueden ignorar. Vive desde su cuerpo, aunque no sólo es biología sino también biografía; es temporal y, por ende, histórico, de tal manera que se encuentra en permanente desarrollo perfectivo. Posee una identidad representada en su yo y, como nadie puede vivir su vida por él, se encuentra en estado de soledad. Mas «*soledad solidaria*, ya que nadie alcanza su pleno desarrollo sin la ayuda solidaria de los otros» (Idem, 25; cursiva original).

Ser-con implica descubrir al *otro* y descubrirnos en el otro, en interacción constante. *Se dice que, en el otro, cada ser humano descubre a un igual y así se autoconoce.* Como expresión, la idea es bella, *aunque creemos que llegar a la comprensión de la igualdad supone un camino de educación y cultura emocionales,* ya que, biológicamente incluso, la primera reacción de un individuo frente a otro que es diferente en algún área (por ejemplo, su etnia, nivel económico o salud), es la de rechazarlo pues no lo ve como un igual. Agustín Ibáñez «mostró que el cerebro detecta en 170 milisegundos si un rostro integra o no el *propio grupo de pertenencia* y lo valora positiva o negativamente mucho antes de que seamos conscientes de ello. Esta investigación revela que los procesos asociados a la *discriminación* y al *prejuicio* son *automáticos* y muchas veces pueden primar sobre otros mecanismos mentales» (Manes, 2014-328; mi cursiva).

El individuo humano se perfecciona sólo en interacción con otros individuos humanos. A su vez, está dotado de reflexión, volición y afectividad. E inmerso en la libertad, que le es ineludible. Libertad cuya contracara, dadas sus interacciones con sus hermanos humanos, debe ser (aquí se entra en un terreno ético que facilita la existencia) la responsabilidad, para la cual tiene condiciones que deben moldearse y desarrollarse. Por fin, puede afirmarse que se trata de un ser trascendente que puede salir y mirar más allá de sí mismo, de tal manera que se interroga por el sentido de su vida y su muerte, por sus valores, su origen y destino. «Las ciencias del hombre no se ocupan nunca de la muerte. [...] Y sin embargo, la especie humana es la única para la que la muerte está presente durante toda su vida, la única que acompaña a la muerte de un ritual funerario, la única que cree en la supervivencia o en la resurrección de los muertos. /«La muerte introduce entre el hombre y el animal una ruptura más sorprendente aún que el utensilio, el cerebro o el lenguaje» (Morin, 1994-9). Para éste, la diferencia entre hombre y animal radica en que el primero se demanda por su muerte.

El perfil humano dibujado en párrafos precedentes muestra la *inherente relación del ser humano con la educación*. Está signado por la «educabilidad»: «capacidad de todo individuo para recibir influencias y reaccionar ante ellas»; y por la «educatividad»: «capacidad que posee todo individuo de influir en otro/s» (García Aretio *et al*, 2009-27). Ambas posibilidades deben considerarse incluidas en el derecho humano a la educación.

La educación como posibilidad de acceso a los derechos humanos

Partiré, en este párrafo, de la educación del ser humano como premisa. No se trata sólo de la adquisición de conocimientos ideales o prácticos para el desempeño en un trabajo o actividad remunerativa sino, en especial, de conocimientos que le funcionen como llave de apertura a su conocimiento interior y al desarrollo de buenas relaciones sociales; comprensivo, todo ello, de mayor bienestar personal. Esa llave permitirá franquear una serie de puertas, a veces necesarias, a veces sólo interesantes, en su camino. En efecto, *la educación (y mientras más profunda y extensa sea, mejor) facilita el conocimiento de los derechos que corresponden al ser humano por su pertenencia a la humanidad, y esa posibilidad la considero como un verdadero privilegio*. La biología del cerebro humano, que se caracteriza por la **neuroplasticidad** («capacidad de cambiar su forma física», ya que «[c]ada vez que aprendemos y transitamos por experiencias nuevas, cientos de miles de neuronas se reorganizan»; «habilidad natural del cerebro para formar nuevas conexiones», Maruso, 2013-52 y 51), facilita la construcción permanente de nuevos conocimientos y formulación de planes y proyectos de vida, desde los más sencillos hasta los más excelsos y complicados.

También se dijo que el cerebro es un *buscador de metas* (Daniel Goleman, 1996), función que podemos reconocer fácilmente en el hecho de que cuando logra concretar un sueño o deseo, inmediatamente se está planteando otros. La neurociencia ha podido probar actualmente, dado el uso de tecnologías de imágenes y en el marco riguroso de los laboratorios que, por la neuroplasticidad, cuando una idea, experiencia o pensamiento nuevos impactan en la masa cerebral, ese órgano ya no es el mismo de antes de la idea, experiencia o pensamiento referidos: tanto su estructura como sus funciones cambian. Un primer momento educativo dejará una marca cerebral a la que irán siguiendo otras, y la consiguiente apertura mental sobre el mundo, el entorno y la propia subjetividad irán generando panoramas cada vez más extensos de oportunidades. Es verdad científica conocida que una mente que se educa y reflexiona no será fácilmente atraída a las masas dominables por quienes *detentan* el poder.

La educación es un *privilegio*, insisto, pues ayuda a conocer el propio e inalienable derecho a la *libertad* y es ella, precisamente, la que ilumina e invita a recorrer todo camino deseable al ser humano, tendiente a su *desarrollo integral*.

Dijo el Dalái Lama: «La educación no se reduce a transmitir el saber o las competencias que permitan alcanzar objetivos limitados. *También consiste en abrir los ojos de los niños a los derechos y necesidades de los otros.* Nos incumbe hacerles comprender que sus acciones tienen una dimensión universal, y debemos encontrar un medio para desarrollar su empatía innata de manera que adquieran un sentimiento de responsabilidad hacia su prójimo. Porque eso es lo que nos impulsa a actuar, si tuviéramos que elegir entre la virtud y el saber, la virtud sería ciertamente preferible. El buen corazón, que es su fruto, es en sí un gran beneficio para la humanidad, lo que no es el caso del saber» (Ricard, 2016-549; mío es el destacado).

Aprender a respetar los derechos humanos ajenos: el «otro»

He considerado que los derechos humanos provienen de nuestra naturaleza, que incluye el amor y, como veremos, es compleja. Una de sus dimensiones es la emocional. Al decir que educarse es un derecho que nos pertenece a todos, afirmo que la educación sentimental opera como umbral de acceso al pleno ejercicio de los Derechos Humanos, plenitud que involucra a las demás personas (los *otros*). En el título del apartado se expresa: el «otro». Se trata de un terreno complejo de indagación, donde considero pertinente distinguir al menos un par de **campos semánticos.** *El primero* -al cual tuve acceso a raíz de antiguas investigaciones sobre temas de psicología, imprescindibles para mi trabajo judicial- tiene relación con la ciencia de la psicología y con el psicoanálisis, donde abrevamos sobre el vocablo «otredad», que refleja la existencia de las demás personas, aquéllas diferentes del *yo*. Ese *otro* que, en la pulsión escópica de la constitución del psiquismo, ayuda a que el *yo* se conozca mejor y pueda individuarse. En tal aspecto, afirmo que el *otro* se encuentra ubicado a la misma altura del *yo* que lo observa, como un reflejo propio y de quien puede aprender. No existe en dicha mirada, por lo menos desde las perspectivas científica y existencial, una inferiorización que pretenda excluir al *otro* de ningún campo, ni psíquico, ni social, ni político, ni jurídico ni epistemológico. Se lo tiene, en cambio, como un *sujeto con todos sus derechos.* Como ampliación de esta noción psicoanalítica se recuerda que, estudiando la obra «Lo visible y lo invisible» (póstuma) de Maurice Merleau-Ponty, Lacan encontró una diferencia fundamental entre la *mirada subjetivante* y el *ver* en tanto *función fisiológica.* Trató el tema en su famoso Seminario 11, sobre «Los cuatro conceptos fundamentales del psicoanálisis». Advirtió que, cuando el niño es pequeño («primer tiempo en que el sujeto es mirado», según Marité Ferrari), *mira que es mirado por el otro,* en una suerte de juego especular, «pues así como el niño se mira en el otro materno, ella, la madre, también se mira en esos rasgos que su mirada convierte en un rostro humano. Tal vez no se ha insistido bastante en esto: para que un niño se convierta en humano, hay que proporcionarle estructuras humanizantes». Porque «la estructura subjetiva no es hereditaria, tampoco innata». Los niños que eran abandonados y 'depositados' en hospicios (Spitz habló, en los años 50, de «síndrome de hospitalización») llegaban antes o después a la muerte física, al autismo o al retraso; pero siempre, primero, habían sufrido la *muerte psíquica*, por no haber ocupado un lugar en el deseo del Otro, al faltarles la mirada subjetivante (Jurado Hernández, 2009-3).

La mirada es condición necesaria, entonces, para la constitución del sujeto. Y si bien esto se da primero con la madre, a lo largo de la vida varones y mujeres necesitamos de los Otros para llegar a constituirnos como individuos. En esta *otredad* -como la estamos analizando- se advierte una cualidad central, la *no inferiorización de los demás*, su consideración como interlocutores nuestros válidos y como sujetos similares a nosotros mismos. «El sujeto desprovisto de toda alteridad se desploma sobre sí mismo y se abisma en el autismo», según Jean Baudrillard (Skliar, 2007-77). Obsérvese que esta perspectiva igualitaria se acerca al punto de vista religioso, al menos de las iglesias cristianas, donde se pretende la igualdad de todos los seres humanos, verdaderos hermanos por ser todos hijos de Dios. Naturalmente, la historia y la cotidianidad revelan que las prácticas sociales y políticas no siempre responden a estos ideales, mas lo que aquí deseo poner de manifiesto es que *existen importantes discursos y narrativas donde no hay jerarquización del «otro».* La **mirada igualitaria** luce en todo ordenamiento jurídico democrático (no autoritario), e incluye como fundamento la «igualdad ante la ley». También corresponde distinguir aquí que una cosa es el *ideal* o *deber ser* y, otra, la *práctica*, el *ser*.

Dentro del campo semántico desarrollado (donde el

'otro' es *respetado)*, hoy la neurociencia tiene algo importante que decir: «A lo largo de la vida, entonces, la actividad de las neuronas espejo continúa siendo la impronta neuronal de este sentido del nosotros al que pertenecen tanto el *yo* como el *otro*» (Iacoboni, 2012-154). Y agrega que las neuronas-espejo producen mayor actividad en el *segmento vincular* -se había hecho un complejo estudio con distintas personas-, es decir que ellas se interesan más por sus relaciones sociales. Se probó que la mayoría de las personas se define a sí misma, constantemente, dentro de sus relaciones (hijo, padre, colega, compañero, etc.), lo que provendría no sólo de las neuronas imitadoras sino también del *sistema del estado predeterminado* -así lo llama-, verdadero *sistema neuronal que se ocupa tanto del yo como del otro, y en el cual el yo y el otro son interdependientes*. Según Iacoboni, poder entendernos requiere esencialmente entender las conexiones fundamentales entre el yo y el otro, y las neuronas-espejo «cierran la brecha entre el yo y el otro» (Idem, 247).

En el **segundo campo semántico** referido, el *otro* sufre una mirada jerarquizadora y excluyente que lo *subalterniza*: así deviene objeto, dominable, explotable, excluible. Este aspecto se comentó dentro de la *perspectiva decolonial*, donde dicho asunto es basilar. Precisamente, elegí dicho enfoque de aplicación de los derechos humanos, porque en ellos lo relevante y previo a todo es la *dignidad humana*. Dignidad que exige esta consideración igualitaria. Por eso creo que los Derechos Humanos en tanto concepción jurídica se fundan en el amor, en el sentido en que lo estudia Humberto Maturana, tal como relaté en el Capítulo V.

CAPÍTULO III
IDEAS SOBRE EL MAL

Introducción

El impulso de elegir el tema propuesto en este trabajo fue mi preocupación por el aparente incremento del mal en nuestro tiempo, sin perjuicio de considerar que el siglo XX ha sido llamado «el siglo de Satán» (y corre el XXI). Esa inquietud me convocó a estudiar el origen y las raíces del mal, hace ya más de veinte años. Llegué a un punto donde creí encontrar algunas explicaciones, pero en la última década he percibido que su entidad parece haber aumentado en todas partes, excediendo con mucho aquellas primeras causas que me parecían haberlo explicado.

La realidad del mal en el ser humano y en la historia es algo que va más allá de las causas externas que pueda yo haber encontrado como disparadoras del mal social. *Sigue siendo mi preocupación averiguarlo.* Aunque no sólo mía. Hanna Arendt sentenció que el problema del mal sería la cuestión fundamental de la vida intelectual de la Europa de postguerra (Bernstein, 2005-15, notas 1 y 2). Sintió que el Holocausto era la más extrema y radical forma del mal (Idem, 15, notas 1 y 2). Yo agregaría Camboya, Ruanda, Bosnia, Siria... Interminable. Además, observo mucha violencia dentro de las sociedades. En Argentina y en Salta. En Latinoamérica y en todo el globo terrestre. *Mi percepción es que la vida ajena ha dejado de importar.*

En 2009 leí la versión castellana de «Eichmann en Jerusalén», de Hanna Arendt, y agregué a mi interés una nueva cuestión a indagar, lo que la autora alemana llamó la «banalidad del mal». Mi lectura de Bernstein, en cambio, data de 2016. Y, sin embargo, hasta hoy me parece que el mal se esconde en aguas pantanosas.

Mi tesis, de cuyo vientre nació este libro, revisitó a ciertos autores que tocaré aquí muy someramente, pues el del mal es un arduo problema filosófico que ahora no hace falta profundizar, bastando con saber que la educación de las emociones puede ayudar en gran medida a contener las conductas personales y sociales de los individuos, haciendo que se porten 'bien' o 'mejor'.

Por ejemplo, Immanuel Kant acuñó la expresión «mal radical» para señalar la innata propensión humana a la maldad. Y Hegel, quien asumió que el mal es necesario al desarrollo humano y al Espíritu, afirmó que las heridas del Espíritu se curan y no dejan cicatrices. Von Schelling, poco estudiado por sus colegas anglo-americanos, implicó una transición entre la filosofía clásica del mal, por un lado y, por otro, la psicología moral del mal, dos de cuyos referentes son Nietzsche y Freud. Invitaré también a estas páginas a Hanna Arendt, Emmanuel Lévinas y Hans Jonas, quienes vivieron la época de la Solución Final que Hitler dio a la cuestión judía (por eso suelo referirme a ellos como los 'filósofos de Auschwitz').

Pensadores visitados

Kant afirmó la independencia de la moral respecto de la religión, pues los hombres son cabal y plenamente responsables de lo que hacen como agentes morales libres. Poseen la facultad de elección libre y espontánea, la capacidad de elegir entre alternativas, lo que les permite escoger entre máximas buenas y máximas malas (Bernstein, 2005-31/32). El ser humano fue creado para el bien, pero de él depende volverse bueno o malo. El mal también se origina en la libertad: la naturaleza no puede engendrar la maldad; sólo puede hacerlo el libre albedrío. Kant planteó el conflicto entre nuestras inclinaciones naturales y el deber, concluyendo que somos verdaderamente morales cuando optamos por lo que tenemos que hacer. Rechazaba la idea de que nacemos buenos y nos corrompemos, como asimismo que nacemos intrínsecamente malos. En realidad, la *propensión humana al mal* puede ser controlada por la libertad del hombre, si elige ser bueno.

En Kant, *un punto importante de razonamiento es que el temperamento, la formación, las circunstancias sociales, la preparación moral e inclusive la ubicación geográfica de los agentes morales influyen en su carácter y decisiones morales.* Empero, la fuente primera es, para él, la responsabilidad e imputabilidad del individuo (Idem, 49). Pese a ello, cuando dentro de su formulación del *mal radical* afirma que el fundamento subjetivo último para la adopción de máximas de acción es *inescrutable*, está intuyendo que en la moral existe un agujero negro. *Si bien las disciplinas sociales y la psicología nos ayudan a entender, es esquiva la explicación completa de por qué los individuos eligen como eligen.* ¿Qué hace que en definitiva unos sucumban al mal y otros se resistan? De él aprendimos que *en el centro del significado de la libertad y la responsabilidad reside la* **inescrutabilidad.**

Hegel generó una difícil filosofía, donde existe un juego dialéctico entre el bien y el mal. *Postula que el Espíritu se cura a sí mismo sin dejar cicatrices. Y es esta afirmación última la que no aceptan los filósofos posteriores a Auschwitz: critican que pueda haber una reconciliación dialéctica entre el bien y el mal.* Bernstein considera que con tantos quiebres y rupturas históricas no se puede aceptar la definición dialéctica hegeliana. Empero, puede tomarse de Hegel su no resignación al mal y su conceptualización de éste como reconciliable con el bien, que en términos religiosos implica compatibilizar el mal con la existencia de un Dios bondadoso. Aunque encuentra que el mal puede ser moral, ético y político, además de religioso, se impone contestarle que es utópico «creer que alguna vez podremos alcanzar una fase histórica en la que tenga sentido hablar de la eliminación de todos los males» (Idem, 111).

Veamos ahora el pensamiento de **Von Schelling**. En su tratado sobre el mal (1809) afirmó que debemos admitir «la realidad del mal», ya que la tradición occidental desde Platón hasta Leibniz negó entidad al mal, al concebirlo como privación de bondad. Schelling define la libertad del hombre como su capacidad de hacer el bien y el mal, y es allí donde concluye que el fundamento del mal independiente de Dios sólo puede estar en Dios. Ello resulta inaceptable para los creyentes cristianos y por eso todas las teodiceas hicieron malabarismos para evitar esa conclusión (Bernstein, 2005-116). *El gran aporte de Schelling es que, al romper la tradición de la teodicea, allanó el camino para nuevas cuestiones psicológicas relativas al mal, las cuales vinieron a resultar centrales para las ideas de Nietzsche y Freud.* Estas ideas ayudan a tener claro que la «sombra» (Jung) o el «inconsciente» (Freud), donde también reside *la capacidad humana de hacer el mal, es una parte ni más ni menos que de la condición humana.* Y esto es importante cuando pensamos que *la educación emocional puede ayudar a trabajar esos aspectos de nuestra condición.*

En su búsqueda, Schelling afirma que en el ser humano existe un «principio de oscuridad» y que «así como hay un afán por el bien, hay un entusiasmo por el mal» (Idem). Allí radica la esencia de la libertad humana. *El mal radical* (propensión a cometer el mal) es, para Schelling, *muy intenso y poderoso.* Ese mal «presenta un sentido del poder del mal mucho más ominoso, *un poder que nunca se domina del todo y siempre puede volver a estallar con renovados bríos»* (Idem, 134; mi cursiva). La historia demuestra constantemente que esto es así. Se me ocurre preguntarme: *¿es posible el progreso moral?* Por eso Schelling es claro al negar que las heridas del Espíritu se curen y no dejen cicatrices. Para él, también es *inescrutable* la motivación por la cual se opta entre el bien y el mal. Si bien el autor ahora en cita no fue muy estudiado ni considerado por la filosofía angloamericana del siglo anterior, resulta ser un pensador tan importante, que no consideró al mal como simple privación del bien ni pensó que se lo pueda superar en una unidad superior. El mal y sus nuevas formas designan una realidad de donde no se puede huir. Schelling «*es particularmente relevante para comprender*

46

el totalitarismo y el terrorismo del siglo XX. Incluso en un mundo postotalitario, presenciamos la tentación de aquellos que piensan que pueden imponer su propia voluntad de sí sobre otros atribuyéndole universalidad» (Idem, 141; lo destacado me pertenece). En síntesis, su originalidad dio pie a una psicología moral más rica, necesario punto de partida para Nietzsche y Freud (Idem, 142).

Bernstein se interna también por las ideas de **Nietzsche**, para quien el núcleo del mal es el *resentimiento*: «Nada lo consume más rápidamente a uno que las emociones del resentimiento [...] El resentimiento es lo prohibido en sí mismo para el enfermo, su mal específico; y lamentablemente, también, su inclinación más natural» (De «*Ecce homo*», Nietzsche, epígrafe; Bernstein, 2005-149). *Nietzsche plantea situaciones que luego pondremos sobre el altar de la educación emocional.* Y obsérvese que, al igual que Sócrates y otros pensadores antiguos que propusieron el «conócete a ti mismo», dice que los *hombres del saber* no se conocen a sí mismos, por lo cual no sólo pueden sino que deben malinterpretarse. *En este conocerse se articulan el bien y el mal.* Dice Nietzsche que las preguntas sobre nuestros prejuicios fueron siempre suprimidas, y aquello que asumimos como moralidad universal es en verdad histórico y contingente y, la moral resultante, reactiva, negativa y motivada por el resentimiento (Bernstein, 2005-159).

Nietzsche sondeó en profundidad las complejidades morales y psicológicas del mal, más que cualquier filósofo previo. *Captó la dinámica psíquica del resentimiento a tal punto que pudo relacionarla con la envidia, los celos y el odio, como así también las múltiples variantes personales, sociales, políticas y culturales que el mal puede asumir* (Idem, 185). Su contribución al tema fue inmensa, ya que se introdujo en el lado oscuro de la moral moderna y en los actuales procesos de socialización. *Encuentro en la teoría nietzscheana muchos lazos con la educación emocional, ya que todas las formas del mal nacen en emociones negativas que aquélla puede trabajar; las cuales, inclusive, pueden derivar hacia genocidios y exterminios como los que el mundo vivió en el siglo pasado. Y creo que la revolución emocional comienza por lo más pequeño y en la educación.*

Toca ver ahora qué aportó **Freud** a esta cuestión. Lejos de interesarse por el bien y el mal, lo correcto o incorrecto y la justificación de los juicios morales (caros a los filósofos citados), abordó los poderosos estallidos del mal en las sociedades civilizadas, sus constantes amenazas y la razón de la imposibilidad de erradicar el mal. Partiendo del *Padre de la Horda* en su obra «Tótem y tabú», explica que el *diablo* había sustituido al «padre primitivo» asesinado por los hermanos. Formula que la *comida totémica* donde la comunidad fraterna, tras asesinar al padre primitivo, lo devora, es «el comienzo de tantas cosas: de la organización social, de las restricciones morales, y de la religión» (Bernstein, 2005-189/191). Es más, dice que la sociedad se basa en el crimen compartido y la religión en los consecuentes sentimientos de culpa y remordimiento; a su vez, la moral lo hace en las exigencias sociales y en la penitencia requerida por la culpa. Ahora bien, ¿cómo conectar estos pensamientos con el problema del mal? Es interesante saber que Freud usa la historia del padre y su asesinato para poner de manifiesto *«la profunda ambivalencia que signa a la psique humana, una ambivalencia en la que se internalizan y reprimen los impulsos homicidas, pero sin erradicarlos nunca del todo»* (Idem, 193: mi cursiva). En efecto, «[l]a esencia misma de la vida humana es ambivalente, y esa ambivalencia penetra hasta los más profundos estratos de nuestro inconsciente». Por ende, si el mal es la violación de las prohibiciones morales, la violación de los dictados de la conciencia moral, la *tentación del mal* no es erradicable. Y aquella ambivalencia, de la cual no podemos juzgar moralmente a los hombres, es incontenible e incontrolable racionalmente (Idem, 198). Freud difiere de Nietzsche, afirmando que la dinámica psíquica básica de los seres humanos es universal e histórica: «la dinámica de ambivalencia, represión, culpa y remordimiento no cambia; sólo sus manifestaciones cambian en el curso de la historia humana» (Idem, 201). En síntesis, Freud fue el más destacado *psicólogo moral* del siglo XX: «Sus ideas sobre los deseos ambivalentes, contradictorios, inconscientes, de la psique humana - deseos inconscientes y motivaciones que nunca son *del todo* susceptibles de control racional-, **son esenciales para cualquier explicación adecuada del mal**» (Idem, 202; negrita de mi cuño). Tardíamente, Freud construyó su teoría de la lucha entre los instintos vida / muerte, es decir Eros y Thánatos. Antes había dicho que las investigaciones psicoanalíticas mostraban que la más profunda esencia de la naturaleza humana consiste en impulsos instintuales de naturaleza elemental y similares en todos los hombres, destinados a la satisfacción de ciertas necesidades primarias. La sociedad acostumbra condenar como malos aquellos instintos que aparecen como egoístas y crueles (Bernstein, 2005-203). *Freud considera que los instintos anclan en el borde entre lo mental y lo somático y además entre lo consciente y lo inconsciente.*

Eros tiende a la vida; Thánatos, como instinto de destrucción, tiende a ésta y a la muerte. *De esta lucha constante entre ambos instintos surgen consecuencias para la psicología moral del mal.* Así, cuando el neurólogo austríaco habla del *Ello* (fuente primaria de los instintos), lo considera *amoral*. El Yo se empeña en ser *moral*, y el *Superyó* puede ser supermoral a tal punto que resulte tan cruel como sólo el Ello puede serlo (Idem, 211). *Los predicados morales pueden aplicarse al Yo y al Superyó, pero no al Ello.* E incluso los instintos amorales que conforman este último, son siempre contradictorios y ambivalentes, por lo cual el término aplicable a su dinámica es «batalla» y, su lugar natural, la cultura. Tal batalla no conoce la posibilidad de una reconciliación o estabilización permanente. *Esta cita resulta especial para mi actual trabajo*: «De hecho, si ha de existir una cultura, *tenemos que ser capaces de controlar y reorientar nuestra agresividad de modo que no sea totalmente destructiva*. Pero este intento nunca es del todo exitoso o duradero. Aun cuando existen complejos mecanismos psíquicos para reprimir y sublimar nuestros instintos básicos, *su energía primordial nunca disminuye*. Pueden irrumpir con renovados bríos, en las circunstancias más inesperadas del desarrollo de un individuo o una cultura. No hay forma de eliminar la ambivalencia psíquica que es intrínseca a nuestra naturaleza humana y que se manifiesta en la lucha de nuestros instintos básicos» (Idem, 211/212; es mi resaltado).

Freud, desde su *ética de la honestidad* (decir las cosas como son), se inscribe en la mejor tradición de la *Aufklärung* (Iluminación), cuando desafía los prejuicios ilustrados sobre la bondad, maleabilidad o racionalidad del hombre (Idem). Para él, el origen de la ley moral y la conciencia moral reside en *la ambivalencia psíquica, base de los tabúes*. Y la conciencia surge de la tensión entre el Superyó y el Yo (Bernstein, 2005-215). En «Psicología de las masas y análisis del yo», dejó planteada una posibilidad temible, que no llegó a explorar en profundidad: «hay circunstancias sociales en las que la conciencia 'desaparece' y no hay represión alguna de 'todo aquello que para la mente humana es malo'». Y si bien Hanna Arendt sospechaba del psicoanálisis y poco menciona a Freud, se interesó mucho por el *fenómeno de la desaparición de la conciencia* en los totalitarismos, por el modo en que aquélla es tan fácilmente manipulable (Bernstein, 2005-217/218). Tema central en «Eichmann en Jerusalén», donde afirmó que el *mal* en el Tercer Reich había perdido esa cualidad por la que más se lo reconoce, es decir por ser una *tentación* (Arendt, 2008-219).

50

El psicoanálisis asume que el deseo criminal en las personas es normal y no erradicable. Por eso, renunciar a los instintos y reprimir los de agresión son factores vitales para la evolución cultural; y es también por eso que el desarrollo de la conciencia y la moral ayudan a preservar la cultura (Idem, 218). La ética freudiana «exige una vigilancia constante de los estallidos de *agresividad* ilimitada» (Idem, 220: mi destacado). A su vez, no dispensa Freud la responsabilidad moral del ser humano, aunque invita a apreciar que el Yo se encuentra cercado por el Ello, el Superyó y la realidad exterior (Idem, 221).

Auschwitz y después...

Luego de la Shoá, sobrevivientes y testigos sintieron que un abismo se había abierto, con el que no existe posible reconciliación. Bernstein analiza el pensamiento de tres autores que sufrieron el Holocausto, considerado éste como *paradigma del máximo mal radical*: Lévinas, Jonas y Arendt. Muchos datos de sus biografías coinciden, en especial el ser judíos. Lévinas introdujo a Husserl y Heidegger en Francia. Combatió en la Segunda Guerra Mundial y, capturado, pasó algunos años en un campo de concentración. Arendt huyó en 1933 de Alemania a París y en 1941 se fue a Nueva York. Jonas también huyó en 1933 y dos años después se radicó en Palestina. Las familias de Jonas y Lévinas fueron exterminadas en Auschwitz. La madre de Arendt estuvo cerca de ser enviada allí. Jonas y Arendt tuvieron relación entre sí y conocieron sus obras. No así con Lévinas, aunque este último se refiere en algún momento a Arendt. Además de problematizar la cuestión del mal, los hermana el hecho de que los tres reabrieron este interrogante: **¿qué significa hoy la responsabilidad? Lévinas** se pregunta si luego de Auschwitz todavía puede creerse en la moral: creerse en la moral luego del fracaso de la moral. Se plantea si se está viviendo la época después del *fin de la teodicea*, aunque entendiendo la teodicea como una tentación seductora, consistente en hacer inocente a Dios, o en salvar la moral en nombre de la fe, o en hacer que el sufrimiento resulte tolerable; se trata de la tentación de hallar una justificación o cierta reconciliación con el mal y el intolerable sufrimiento inútil (Bernstein, 2005- 237). Piensa que Auschwitz engloba el Gulag y todo sitio de tortura de nuestro siglo (Idem, 238). Enseña que lo razonable es cuidar del propio ser; habla de quienes poseen santidad, que es estar más ligado al ser del otro que al suyo propio: cree que lo humano comienza en la *santidad*, valor incuestionable que da prioridad ética a la vida del otro (Idem, 249/250). Para él, el horror nazi es el modelo del *mal* característico del siglo XX, pues *rompe todas nuestras categorías de conocimiento y comprensión* (Idem, 251 y 253).

Jonas no aceptaba los intentos filosóficos y teológicos de disculpar o justificar el mal y apostó nuevamente a la «unidad psicofísica de la vida», «ese lugar en el campo teórico que éste había perdido merced al divorcio de lo material y lo mental desde Descartes» (Idem, 262). Jonas se mueve en un naturalismo y dice que la libertad, en sentido amplio, no se identifica exclusivamente con la libertad humana; se extiende hacia abajo, hasta los primeros destellos de vida orgánica, y hacia arriba, hasta el tipo de libertad que manifiestan los seres humanos (Idem, 262). Ese profundo respeto ético por la vida lo convirtió en el adalid de una ética para la tecnología moderna, incluida la biotecnología. Dice Jonas: «No pongas en riesgo las condiciones requeridas para la continuación indefinida de la humanidad sobre la Tierra» (Bernstein, 2005-267). Le preocupa el nihilismo de la vida cotidiana (facilitado por el éxito de la tecnología), donde aparentemente ya no quedaría norma objetiva por la cual las personas guíen sus decisiones y acciones. Respecto del tema del *mal* se preguntó *qué agregó Auschwitz* a lo que siempre supimos de los hombres y que éstos practicaron desde tiempos inmemoriales y, respecto de los judíos, a su historia milenaria de padecimientos -parte esencial de su memoria colectiva- (Idem, 270). Se demandó, asimismo, cómo pudo dejar Dios que aquello pasara, y cómo se puede haber presenciado el horror del mal en Auschwitz y conservar la fe en Él. Jonas dice que es bueno e ininteligible pero no todopoderoso, de modo que su bondad resulta compatible con la existencia del mal.

Jonas y Lévinas alegan que la autonomía tan apreciada por Kant (Jonas la llama 'responsabilidad formal', que nos torna imputables 'de' nuestros actos) *presupone* una responsabilidad más sustantiva hacia nuestros congéneres, incluyendo a los no nacidos. «No hay salida de la amenaza del mal, que puede asumir siempre nuevas formas [...] Ni tampoco hay salida de *nuestra responsabilidad infinita* de combatir el mal donde se presente» (Idem, 282/283; no resaltado en original).

Cuando **Arendt** se propuso repensar el mal, incluyó los nuevos males del siglo XX: Auschwitz y el Gulag, Hitler y Stalin, abarcando genéricamente todo totalitarismo. En 1945 pontificó: «El problema del mal será la cuestión fundamental de la vida intelectual de la Europa de posguerra» (Bernstein, 2005-287). Lanzó asimismo otra dolorosa verdad («Los orígenes del totalitarismo»): «Y si es cierto que en las etapas finales del totalitarismo aparece el mal absoluto (absoluto porque ya no se deja deducir de motivos humanamente comprensibles), *también es cierto que sin esto podríamos no haber conocido jamás la naturaleza verdaderamente radical del mal*» (Idem; la cursiva es de mi cuño). Bernstein estima que hablar en Arendt de *mal radical* y *banalidad del mal* como conceptos separados puede llevar a traicionar su complejidad. La pensadora, exalumna de Karl Jaspers, escribía a su maestro que no sabía muy bien lo que era el *mal radical*, pero le parecía que tenía que ver con la posibilidad de volver *superfluos* a los seres humanos, lo que puede lograr un hombre individual omnipotente (como Dios), para el cual no existen los *hombres en plural*. Y si bien siempre negó, no su condición de judía, sino cualquier religiosidad que pudiera darle algo, cuando liga mal radical con superfluidad, un aura teológica sobrevuela su pensamiento, al considerar que aquel *mal* es tan peculiar y radical porque nace de «la *hybris* de esos líderes totalitarios, que se creen omnipotentes, que pueden *competir* con un Dios que creó una pluralidad de seres humanos» (Idem, 297). *Hybris* es desmesura.

Arendt concluyó que en los campos de concentración no se moría: se fabricaba o producía cadáveres, pero cadáveres en realidad sin muerte. Es decir, se trataba de la producción de no-hombres, cuyo fallecimiento implicaba una producción en serie. Con posterioridad otros autores tomaron estos conceptos. Giorgio Agamben, en «Lo que queda de Auschwitz» (2000), conceptualizó la expresión «acontecimiento-límite», que sería el que pone en jaque a quien lo experimenta y conlleva el peligro de desaparecer como acontecimiento, por carecer de sujeto que lo narre. Al Holocausto este autor italiano lo denominó «acontecimiento sin testigo» ya que, si bien hubo testimonios, todos ellos contendrían una *laguna*. Había un punto en que los presos de los campos de concentración superaban el límite del hambre y los vejámenes, ya listos para integrar la fila que los llevaría a los crematorios. Ese punto de su vida era la «laguna». Los hombres (*no-hombres*, en realidad) se veían entonces como cadáveres ambulantes, muertos vivos o idiotizados y sin voluntad. Agamben entendió que los hombres ya en esa condición se convertían en no-hombres y allí acababa su humanidad: les restaba sólo la «vida desnuda», es decir una forma de vida que coloca a cada ser en la posibilidad de ser usado, exterminado, empleado como material (por ejemplo, como cenizas para rellenar caminos), etcétera.

Existen en el pensamiento arendtiano núcleos de ideas importantes. Uno, relativo a la *superfluidad* de los seres humanos, puede ligarse con la eliminación de la *impredecibilidad* y *espontaneidad* humanas. Otro núcleo consiste en su idea del *delirio de omnipotencia*, que se encarga de distinguir muy bien del *afán de poder*: halla que también ahí existe incompatibilidad con los *hombres en plural*. «La acción, única actividad que se da entre los hombres sin la mediación de cosas o materias, corresponde a la **condición humana de la pluralidad**, al hecho de que los hombres, no el Hombre, vivan en la Tierra y habiten en el mundo. Mientras que todos los aspectos de la condición humana están de algún modo relacionados con la política, **esta pluralidad es específicamente *la* condición** [...] **de toda vida política**» (Arendt, 2003-21/22; negrita de mi autoría).

Otra idea de Arendt tiene en cuenta que las antiguas prohibiciones morales, resumidas en los Diez Mandamientos, no alcanzan para caracterizar los crímenes del siglo XX, y que los actos humanos más malvados no provienen del vicio del *egoísmo*, porque «el mal radical nada tiene que ver con esos motivos pecaminosos, humanamente comprensibles» (Bernstein, 2005- 289). Fue Kant quien afirmó que el amor propio (egoísmo) es la fuente del mal. Arendt lo niega cuando conceptualiza el mal radical, porque convertir a los seres humanos en superfluos es más radical que desobedecer el imperativo categórico que prohíbe tratar a los hombres como medios y violar su dignidad. Va mucho más allá al afectar la *espontaneidad*, característica esencial de la racionalidad y libertad humanas, según Kant, acuñador del término resaltado. El siglo XX demostró que debe vivirse con la posibilidad de que esa condición trascendental (espontaneidad) pueda ser empíricamente eliminada por medios totalitarios (Idem, 290). La superfluidad cobra diversos modos y ella se enfoca en los hechos del siglo XX, que arrojaron a millones de personas a vivir sin casa, sin Estado, y además fueron tratadas como prescindibles. No es que por no tener derechos las personas sean despojadas de la vida, la libertad y la búsqueda de la felicidad, o de la igualdad ante la ley y la libertad de opinión (lo cual supone fórmulas diseñadas para resolver problemas dentro de una comunidad dada), «sino que ya no pertenecen a ninguna comunidad» (Idem,

290/291). En efecto, siendo *el derecho a tener derechos* el fundamental derecho, ello implica pertenecer a una comunidad que los protege y posibilita ejercerlos. Pero, además, el peligro de la superfluidad existe cuando los propios manipuladores de los regímenes totalitarios se tratan a sí mismos como superfluos, es decir como vehículos de las leyes de la Naturaleza y de la Historia (Idem). Los mesianismos son siempre peligrosos y suelen ser fatales. Una muestra terrible de aquella superfluidad, amén de la propia existencia de los campos de concentración y exterminio, fueron los *laboratorios* dentro de ellos, en donde se realizó todo tipo de experimentos radicales de alteración de la naturaleza humana. El camino hacia la dominación total tuvo tres hitos (según Arendt): primero se buscó matar a la persona jurídica que hay en cada hombre; en segundo lugar, a la persona moral, al enfrentar a sus víctimas con terribles dilemas morales y, por fin, se intentó transformar a los seres humanos, destruyendo toda señal de su individualidad y espontaneidad, toda señal de libertad y solidaridad humana (Idem, 292/293). Leyendo este tercer momento del *iter* hacia la *superfluización* (por ponerle un nombre), aparece un detalle que me interesa destacar: ese siniestro proceso quedó en el intento -hablando de la humanidad-, pues si bien es cierto que fueron exterminados demasiados seres humanos, no sólo judíos, no todo se destruyó. Vienen a la mente personas como Ana Frank, quien muriendo una semana antes de la liberación de Auschwitz, dejó empero su «Diario», el que ha tenido mucho que enseñarnos. Sin olvidar a los miles de personas que sobrevivieron y construyeron una nueva vida, incluso transidos de dolor y lágrimas. Entre ellos, la maravillosa Edith Eger («La bailarina de Auschwitz», 2018) y Viktor E. Frankl, quien en la última frase de su obra «El hombre en busca de sentido», expresa: «El hombre tiene dentro de sí ambas potencias; de sus decisiones y no de sus condiciones depende cuál de ellas se manifieste. / **Nuestra generación es realista, pues hemos llegado a saber lo que realmente es el**

hombre. Después de todo, el hombre es ese ser que ha inventado las cámaras de gas en Auschwitz, pero también es el ser que ha entrado en esas cámaras con la cabeza erguida y el Padrenuestro o el *Shema Yisrael* en sus labios» (Frankl, 1996-128; negrita no original). Ésta es la punta del ovillo de mi esperanza en la *educación emocional*.

Se dijo que los filósofos posteriores a Auschwitz han repensado el mal y, como consecuencia, el sentido de la *responsabilidad*. Para Lévinas, dicha noción es *por y para el otro (l'autrui)*, antes incluso de nuestra responsabilidad autónoma; para Jonas, ha nacido un nuevo imperativo de responsabilidad, según el cual, cargamos con la responsabilidad frente a las generaciones futuras de la humanidad; Arendt, en cambio, ante el colapso moral que el nazismo significó, percibió que se hacía alrededor un vacío sin costumbres, hábitos ni reglas, donde vio caer también a demasiados amigos. Hubo, no obstante, muchos que se opusieron y resistieron al mal que surgía. La pregunta, de nuevo: ¿qué les permitió resistir; qué los salvó del colapso moral? (Bernstein, 2005-310/311).

Estos grandes pensadores concluyeron que el mal representado por el totalitarismo fue un *exceso*, en cuanto es imposible asimilarlo a nuestras categorías de entendimiento y comprensión. Así, el *nuevo sentido de la responsabilidad* estará, para Lévinas, en *l'autrui* (el otro en quien se piensa); para Jonas, en la responsabilidad por las generaciones venideras, con su imperativo tecnológico; para Arendt, en la habilidad imaginativa para *pensar desde el lugar del otro*. Como puede observarse, estas tres conclusiones coinciden con la presente propuesta: ***el otro, la responsabilidad por los otros y el lugar del otro.***

«Ésta es», se expresó, «una importante lección de Auschwitz: el infierno ya no se encuentra lejos de nuestra civilización sino en su interior» (Mèlich, 2004-116). Este autor plantea la tesis de que después de Auschwitz nada es lo mismo: tampoco la educación. Se debe recuperar esa memoria para ser transmitida a la humanidad; si no, la terrible lección de Auschwitz se habrá perdido. Por mi parte, intentaré demostrar que de la comprensión suele derivar la posibilidad del *perdón* (por educación emocional), porque creo fervientemente que *después de Auschwitz y el Gulag no sólo es posible sino indispensable seguir escribiendo poesía*. Este deseo, esta búsqueda, no nos aleja de comprender el brutal dolor, el inenarrable sufrimiento de las víctimas directas e indirectas del Holocausto. Justamente debemos trabajar para que no se repita.

El 27 de setiembre de 2019 dicté una conferencia en Miami dentro del proyecto «Holocausto» -convocada por la institución The Cove / Rincón International-, que llamé «Una nueva mirada sobre el Holocausto». Precisamente propuse que dicho fenómeno amerita ser estudiado dentro de los parámetros de la Inteligencia y la Educación Emocionales, ya que realmente en él se pudo conocer y analizar tantas conductas y tipos humanos, que deberíamos estudiarlos desde esta perspectiva, incluso para intentar, un día, la reconciliación entre las dos polaridades que nos mostró: el bien y el mal. El libro «Un Curso de Milagros» y autores como Jung, Ken Wilber y Enric Corbera, al estudiar la conciencia, el inconsciente y la sombra -aquí existen coincidencias con la sabiduría oriental y otras originarias ancestrales-, consideran que los *pares de opuestos* o las *polaridades*, como *bien / mal, oscuro / claro, sano / enfermo*, y todas las otras deben buscar una reconciliación, unirse: ello significaría llegar a la conciencia de unidad, a la percepción del Todo, donde precisamente no existe separación. Este concepto, que requiere también la lectura de muchas obras y su internalización o experiencia emocional, es de compleja y larga explicación y no lo trataré. Sin embargo, me permite tener la seguridad de que *el bien y el mal sí pueden llegar a reconciliarse*, aunque ello exija mucho, muchísimo trabajo interior y, sobre todo, un cambio interno fundamental de paradigma. Cercano al Nuevo Paradigma que trato en el último capítulo. Si así no fuera, habría sido imposible volver a escribir poesía después de Auschwitz.

Reflexiones sobre la centuria pasada (segunda mitad) en Argentina

Me propuse, asimismo, indagar qué tipo de mal, qué inaudita y también inefable historia fue la que enlutó a la Argentina entre fines de los 60 y mediados de los 80. Primero deseo recordar al doctor Fernando Ulloa en sus conceptos sobre la *ternura* y *lo cruel,* especiales objetos de sus investigaciones, ante el accionar de los torturadores de 1976/1983. Comencemos con la *institución de la ternura*. Ulloa creía que el sujeto es siempre sujeto social, por mediación de las instituciones. Una de ellas es la ternura. En el maternaje primario, se inhiben tanto las pulsiones del sujeto infantil cuanto las de la madre. La ternura opera como el lenguaje del cuerpo fundante del sujeto y permite además la inscripción, en él, de las demás instituciones de la cultura. Una madre en actitud tierna con su crío podría aparecer como imagen del instinto maternal, pero Ulloa considera que allí opera una institución cultural, aunque fácilmente creíble como instintiva, como natural (Varela, 2005). A su vez, en el mismo ejemplar de *Página 12* del artículo recién citado, Beatriz Taber relata que para Ulloa *la ternura es pilar de la cultura,* aun cuando goce de mala prensa. Siendo *uno de los más antiguos oficios de la cultura, deviene instancia ética* porque representa la coartación, el freno del fin de descarga de la pulsión. En tal coartación del impulso de apoderamiento del hijo, este límite a la descarga genera dos condiciones, habilidades propias de la ternura: la *empatía* (garantía del suministro adecuado de calor, alimento, arrullo y palabra), y el *miramiento* (elemento fundamental que consiste en mirar con amoroso interés a quien se reconoce como sujeto ajeno y distinto de uno mismo). Un tercer suministro de la ternura es el *buen trato.* «Ulloa pone en causa otro imperecedero como fundamento de la cultura: ternura, único garante de la posibilidad de supervivencia y constitución psíquica de cada infante al nacer» (Taber, 2005).

Respecto de la *crueldad*, a Ulloa le resultaba un tema obsceno, complejo y arduo, y lo consideraba muy ligado a la salud mental. Para él, *la crueldad representa el fracaso de la ternura* y ha acompañado al hombre desde el principio de la civilización. ***La gran paradoja es que, mientras la humanidad intentaba ir acotando la agresión y consolidando los derechos del hombre, otra parte ha ido sofisticando los dispositivos para la crueldad.*** Además, diferenciaba lo instintual, propio de la lucha por la vida y de la evolución de las especies, diciendo que *ese instinto* no es cruel: podría ser feroz pero ello no lo haría cruel. En cambio, *la crueldad es un dispositivo sociocultural, requerido de un contexto.* Tal contexto no sólo incluye la mesa de tortura acotada al ámbito del tormento, sino que se asienta sobre círculos concéntricos, logísticos y políticos. En la crueldad se da una situación que él denominó «encerrona trágica» y pudo construir, a partir de su trabajo, con personas que sufrieron tortura. *La encerrona traduce una ecuación de dos partes: víctima y victimario, sin un tercero de apelación.* Y no es una situación exclusiva de los casos de tortura sino de cualesquiera otros donde exista fuerte situación de dependencia de algo o de alguien, para cubrir las propias necesidades (comer, trabajar, estudiar, morir asistidamente, etc.), cuando ése del cual se depende, maltrata o rechaza al necesitado. Lo típico de la encerrona trágica y de la crueldad es el *dolor psíquico* que se inflige y no tiene salida. Salvo que sea la muerte: de allí que muerte y crueldad estén tan ligadas. Hay algo específico en el hombre y es que *sabe* de su muerte, ello es más que un instinto. Esto importa cuando la muerte es inmediata y se vive *hasta* la muerte, como cuando se vive *hacia* la muerte.

Ulloa concluye que la forma más universal de la crueldad

es *lo cruel*. En la cámara de torturas la víctima mira cómo el torturador mira que ella mira el goce sádico del torturador. En la crueldad no hay que velar nada, más bien hay que develar. En cambio, si la crueldad es velada, si se la hace cultura y acostumbramiento, allí aparece *lo cruel*, y lo peor es que no sólo convivimos cotidianamente con ello, sino que lo hacemos *en connivencia,* o cerrando los ojos o haciendo un guiño cómplice. **He aquí, tal vez, por qué en esta obra he hablado del mal: para que la crueldad no se nos haga costumbre.**

Ahora me referiré a las *víctimas* de los grupos guerrilleros que actuaron en Argentina desde fines de los sesenta. La *diferencia* entre éstas y sus descendientes y las víctimas de la llamada *dictadura militar* consiste en que el Estado Argentino, desde 1983 hasta la fecha, se ocupó y ocupa (igual que alguna ONG) de rescatar y legitimar su memoria, habiendo sido indemnizados las propias víctimas y sus familiares. Las víctimas de esos grupos (PRT, ERP, FAP, FAL, OCPO, Montoneros) y sus familias no han sido reconocidas por el Estado ni por la mayor parte de la sociedad argentina. No existen estadísticas oficiales ni otro reconocimiento. Pero como el dolor provocado por esos actos de violencia y muerte (infligidos para castigar el «imperialismo oligárquico») generan el mismo *horror* que pudo impregnar el terrorismo estatal de 1976/1983, posaré una mirada crítica sobre el mal que todo ello significó. Primero niña y luego adolescente por entonces, recuerdo perfectamente el clima de miedo e inseguridad que, con bombas, asaltos, armas de guerra y muertes, reinaba en Argentina desde fines de los sesenta.

En 2008 la ONG «Centro de Estudios Legales sobre el Terrorismo y sus Víctimas» (CELTYV) comenzó a investigar para obtener información cuantitativa sobre las víctimas de *ese* terror, y logró reunir una lista que comprende entre el 01/01/1969 y el 31/12/79 (once años). El CELTYV comprobó que las organizaciones clandestinas hicieron estallar, durante ese tiempo y en distintos lugares, 4.380 bombas; a ello han de sumarse tiroteos en las calles, copamientos de edificios, desvíos de aeronaves y un montón de otros hechos que afectaron a sectores indiscriminados de la población (Manfroni y Villarruel, 2017- 13). Se contabilizaron más de 17.000 personas caídas en ese lapso, y entre ellas se encuentran las víctimas civiles, pero también las pertenecientes a las fuerzas armadas y de seguridad, en los supuestos en que hubiesen sido sorprendidas en momentos de indefensión (Idem). Cuando en la investigación consultada se usa el vocablo «víctima», lo es en virtud del concepto de la Oficina del Alto Comisionado de las Naciones Unidas para los Derechos Humanos. Comprende a «toda persona que haya sufrido daños, individual o colectivamente, incluidas lesiones físicas o mentales, *sufrimiento emocional*, pérdidas económicas o menoscabo sustancial de sus derechos fundamentales, como consecuencia de acciones u omisiones que constituyan una violación manifiesta de las normas internacionales de derechos humanos o una violación grave del derecho internacional humanitario» -Res. 60/14, del 16/12/05- (lo destacado me pertenece). Entre aquellos miles de víctimas se cuentan niños, obreros, comerciantes, empleados, empresarios, gremialistas, militares, políticos, estudiantes (Idem, 14/15).

La autora y el autor citados entrevistaron a numerosas víctimas y continúan investigando. A mi criterio, en esos relatos y palabras se trasluce demasiado sufrimiento personal que aún no ha sido recogido por el Estado -y sería fundamental hacerlo-: «todavía no ha podido asimilar *el grado de maldad* que puede alcanzar el pensamiento, cuando más allá del crimen, más allá del delito, más allá del pecado, una corriente cultural importante otorga un premio macabro, depravado, a los victimarios. El delito, las malas acciones, la *maldad* en sí, ¿en qué sociedad están ausentes? *Pero la conversión del crimen en arquetipo del bien es propio* (sic) *únicamente de una nación que se encuentra en una etapa muy avanzada de decadencia*» (Idem, 55; la cursiva me pertenece).

En dichas páginas hallé el dolor inconmensurable de la

orfandad y, en muchos pequeños, sentimientos de culpa; una intensa crueldad perceptible en cada uno de los casos; la imposibilidad de comprender la maldad -esto me recuerda a Hanna Arendt-; el cansancio del sufrimiento; la incomprensión del olvido, por la patria, de todas esas víctimas. En la totalidad de los sobrevivientes está instalada la perplejidad frente a «eso que casi nadie quiere escuchar» (Idem, 32), y tal vez el narcisismo guerrillero de entonces: «¿Sabían los asesinos a quién estaban matando? ¿Sabían que mataban a la Argentina del esfuerzo honesto y de las oportunidades legítimas? ¡Claro que lo sabían! Pero esa Argentina no era una oportunidad para su *odio*. Necesitaban dos bandos opuestos, en uno de los cuales estuviera la *oligarquía* y, en el otro, únicamente ellos, los *héroes*, proclamados como tales tan sólo por su narcisismo criminal» (Idem, 86; mi cursiva).

De la lectura del libro «Los otros muertos» emanan la *falta de reconocimiento* de los familiares de las víctimas y de las propias víctimas; el *desconocimiento* del nombre de los culpables; la *falta* de indemnizaciones y asistencia médica y psicológica que necesitaron aquéllas. De los diversos y horrorosos efectos que semejantes actos de violencia gratuita causaron, rescatamos la profunda depresión desde edad temprana que sufrieron hijos y nietos de las víctimas; al día de hoy esas secuelas subsisten o se van transmitiendo de generación en generación -profundizándose y arraigándose- ante el *desinterés del poder público;* el debilitamiento físico de algunas mujeres que enviudaron muy jóvenes -para una viudez eterna-, viendo sus cuerpos comidos por enfermedades que las llevaron a la muerte; los cambios de personalidad, como por ejemplo la posesividad y sobreprotección que algunas de ellas ejercieron sobre los hijitos de las víctimas, o la supresión definitiva de la capacidad de sonreír; el miedo cerval que hizo que en muchos hogares los sobrevivientes del ataque durmieran durante mucho tiempo todos juntos; el estrés postraumático tras el ataque guerrillero dentro del propio hogar... *Luego veremos el poder destructivo de las emociones negativas, con sus secuelas de ACV, infartos, cánceres y muertes prematuras.*

En el recorrido de estas historias, de las cuales yo sólo conocía algunas, me pregunté si el *horror* vivido hasta el día de hoy por muchas víctimas en general (ante la negación política-estatal y ya sabiéndose cómo los jerarcas de aquellos grupos clandestinos amasaron grandes fortunas y luego llegaron al gobierno argentino de los años 2003/2015) *no cae también dentro de los parámetros de crueldad social y personal de que hablara Ulloa. Incluso, si no hubo desarrollada ya por entonces una dimensión de* **lo cruel**. Advierto dos grandes temas que conmueven al hombre y pueden movilizarlo o paralizarlo para siempre: su *verdadero origen*, y el deseo y *necesidad de saber dónde reposan los despojos de sus seres queridos y, eventualmente, quiénes son los culpables de su muerte*. Dejo apenas insinuado el tema, por entender que el Estado aún debe dar más de un paso en pro de los derechos humanos de tales víctimas, para así concienciar a toda la población de que aún callamos el inconmensurable dolor de muchos hermanos argentinos.

Como cierre de estas reflexiones afirmo que *cualquier violencia contra cualquier ser humano es injusta*, y no creo en las guerras ni en las revoluciones por las armas y el terror: sólo -aunque sean lentas- tengo fe en las *revoluciones culturales*. Una de ellas, *la de la inteligencia emocional*. Se da aquí un motivo más para proponer la educación emocional: aunque nunca se erradique el mal -lo porta la condición humana-, podemos mitigarlo y así ejercitar resistencia pacífica para evitar que la humanidad recaiga una y otra vez en tanta vesania sin sentido.

CAPÍTULO IV
¿ES POSIBLE ENSEÑAR EDUCACIÓN EMOCIONAL EN LA ESCUELA?

La escuela en la picota

Para este trabajo partí de una premisa: la aceptación de la escuela como institución educativa. No obstante, conviene recordar que su existencia ha tenido y tiene detractores que quisieran terminar con ella. Probablemente, el más representativo sea el vienés Iván Illich, quien además puso su mayor énfasis intelectual en Latinoamérica. Illich concluye que aquí la escuela acentúa la polarización social, concentrando sus servicios educativos y no educativos en una *élite*, facilitando la formación de una estructura política fascista, y fomentando un clima de violencia. Rechaza la ideología que exige la reclusión de los niños en la escuela y aclara que no siempre que habla de «escuela» se refiere a la educación organizada, sino que entiende «escuela» y «escolarización» como la forma sistemática de recluir a los jóvenes entre siete y veinticinco años, que no es natural sino que nació con el surgimiento de la nación industrial. Recordando a Freire, afirma que «la comprensión puede adquirirse de una manera cómoda y no estructurada, por medio de la cual el individuo se fuera conociendo más a sí mismo a través del diálogo con las personas de su ambiente» (Illich, 1973-12/13, 16, 22). Considerando que la escuela es de los pudientes (los pobres no pueden pagarla), que es generadora de déspotas y otorga *status*, acaba sosteniendo que en una economía de la escasez invadida por la automatización se racionalizan dos sociedades coexistentes: una es colonia de la otra (Idem, 33).

A Illich le preocupaban las diferencias entre Estados Unidos y los países subdesarrollados porque «concebía la escuela como el proceso de iniciación hacia el mito del consumo ilimitado. Apoya la teoría de que la escuela vende el saber» (Díaz-Salazar Valdés *et al,* 2016). Su preocupación fue polarizada por el par opuesto aristotélico póiesis (hacer)/praxis (actuar); el primer término aumenta con la tecnología, que desemboca en el desempleo; en cambio, creyó que deberíamos dedicarnos más al «actuar» (Illich, 1985-91). Para el autor, el consumo ilimitado impide la madurez humana, de allí su propuesta pedagógica no institucional. En verdad, *desescolarizar la sociedad* no implicaba cerrar escuelas sino instaurar un sistema educativo innovador, para mejora de la educación y del sistema social. Para él, «[l]a desescolarización de la sociedad difuminará inevitablemente las distinciones entre economía, educación y política, sobre las cuales se funda ahora la estabilidad del orden mundial actual y de las naciones» (Illich, 1985-151). Como se ve, su tan radical propuesta de las décadas de 1970 y 1980 se asienta en una importante actitud de temor por el rumbo que llevaba el orden mundial. Aquel neoliberalismo que causó tantos desastres (y no cesa), fue el disparador de su proyecto pedagógico, que propone liberar a los estudiantes del currículum y generar redes de conocimiento y saber. Fue una reacción normal frente al estilo educativo anticuado y tradicionalista que existía por lo menos en América Hispana; el problema es que fue muy radical y asumió ideales anarquistas (supresión de toda autoridad y libertad absoluta del hombre): por ello fue resistido. Aun así, su influencia en materia educativa es innegable (Díaz-Salazar Valdés *et al*, 2016-5/6). Por nuestra parte, creemos que sus temores se confirmaron con respecto al auge que alcanzó el consumismo, aunque en otro aspecto puede observarse que el *boom* de las vías informáticas, internet, el mundo digital, ofrecen la posibilidad de formación de redes de conocimiento y la preparación de las personas a través de servicios educativos (miles de ofertas, todo tipo de cursos) que se brindan digitalmente.

Illich nos interpela al poner de manifiesto las realidades sociales que observa dentro del mundo educativo; allí se da cierta coincidencia con las observaciones de Pierre Bourdieu, a quien no puede ignorarse en este punto de las reflexiones. El sociólogo francés formula la idea de que en el ámbito educativo se reproducen las desigualdades sociales: «la escuela contribuye a reproducir el orden social, pero esto no quiere decir que la escuela tenga la función de reproducir el orden social. [...] Bourdieu afirma que **la escuela es un ámbito** *relativamente autónomo* que tiene instrumentos propios para contribuir a la reproducción social» (Flachsland, 2003-75/76; destacado original). Bourdieu y Jean-Claude Passeron publicaron «La reproducción» en 1970 (trad. castellana, Laia, Barcelona, 1981). Esta obra debatió con dos interpretaciones sociológicas relativas al papel de la escuela en las sociedades occidentales. Para la primera de ellas, la escuela es democratizadora y garantiza la movilidad y el éxito sociales; la segunda mantenía que, por el contrario, reproducía mecánicamente la estructura social, sin deformarla ni transformarla (Flachsland, 2003-76). Especial énfasis pusieron frente a los seguidores de Louis Althusser, marxista estructuralista que inventó la teoría del *aparato ideológico del Estado* (AIE). Estado burgués. Uno de esos aparatos era la escuela. Bourdieu refutó diciendo que un «aparato» es una máquina infernal programada para alcanzar ciertas metas; en cambio, el sistema escolar, la Iglesia, el Estado, los partidos políticos no lo son: a ellos aplica su concepto de «campo», que es un espacio social donde los agentes y las instituciones luchan con distintas reglas de juego y grados de fuerza buscando su beneficio, aunque siempre considerando las resistencias, protestas, pretensiones y reivindicaciones, políticas o no, de los dominados (Flachsland, 2003-77/78). Lo que se reproduce inevitablemente son las desigualdades sociales. Oigamos a un defensor de la escuela: «La desigualdad nos viene dada: es 'natural'. La igualdad es una construcción cultural que hemos elevado a imperativo ético que perseguir» (Gimeno Sacristán, 2013-208). *El interrogante que se impone es por qué se reproducen* *las desigualdades sociales en la escuela*. Nos ayudará a responder el concepto de «*habitus*» de Bourdieu. La institución escolar contribuye a reproducir las relaciones de clase mediante un dispositivo específico, que es la *acción pedagógica*, la cual contiene violencia simbólica al imponer una arbitrariedad cultural mediante la autoridad pedagógica. Dicha acción se mantiene incluso luego de que el alumno termina su educación: entiendo que en la escuela el alumno adquiere el *habitus*. En efecto, la formación perdurable proviene del *habitus*, por las «estructuras interiorizadas que se perpetúan en el tiempo aunque no esté presente la autoridad pedagógica» (Flachsland, 2003-73). *Habitus* «es el conjunto de modos de ver, sentir y actuar que, aunque parezcan naturales, son sociales. Es decir, están moldeados por las estructuras sociales, se aprenden. [...] *Hablar de habitus es colocar lo personal como colectivo. El habitus es una subjetividad socializada*, define Bourdieu» (Idem, 53/54; resaltado en original). Por otra parte, la acción pedagógica no cae sobre seres vacíos sino sobre agentes que ya recibieron otras acciones pedagógicas en la familia, y poseen determinado capital cultural (Idem, 73). Yo agregaría un capital económico y un capital social, todos intercambiables entre sí.

En definitiva, Bourdieu afirma que existen fuerzas y situaciones *instituidas* que provienen de otras *instituyentes*, lo que por ser cultural y no natural da la posibilidad de transformaciones: la función socialmente reproductora que se verifica en la escuela no debe conducirnos necesariamente al cierre o extinción del sistema escolar.

En defensa de la escuela

Invito a escuchar ahora a otros autores, quienes defienden la institución escolar, sin la ingenuidad de pensar que en ella todo es perfecto. Por el contrario, tienen claros los defectos que se han señalado y otros más, y aun así entienden que la *educación pública* y la *escuela* deben existir. En Argentina, la escuela tiene existencia con la regulación y el control estatales, sin perjuicio de incluir en ella, durante todo el período de educación de una persona (desde preescolar hasta altos estudios), las *instituciones públicas y las privadas*.

Según Masschelein-Simons y Gimeno Sacristán, la educación pública ha representado el ideal de educación universal para favorecer la igualdad, la integración social y el desarrollo del libre pensamiento del individuo y de la ciudadanía democrática. No necesariamente se da así en la práctica, aunque en tanto ideal, este concepto es útil como guía, en especial si se tiene en cuenta el derecho humano a la educación: la educación pública es una construcción de larga data e inviste una opción de valor que debe ser constantemente apoyada. Es verdad que los gobiernos conservadores tienden a debilitarla (Gimeno Sacristán, 2013- 192 y 195). A su vez, se reserva la noción «escuela» para la invención de una forma específica de tiempo libre y no productivo (económicamente), indefinido y al que no se puede acceder fuera de la escuela (Masschelein & Simons, 2014-29/30). Su carácter igualitario provocó y provoca hostilidad por parte de las *élites* privilegiadas (Idem, 28).

No obstante, la institución escolar ha sufrido críticas diversas y razonables. Como aquélla que toma en cuenta a la escuela para la formación en competencias laborales para las empresas, pues ello vacía de sentido la forma de lo escolar (Masschelein & Simons, 2014-82/83). Otra interpelación importante que se le efectúa es su alejamiento de la realidad vital, a lo que estos autores oponen que en la escuela es posible *abrir el mundo* para los alumnos (Idem, 44). Recuerdan que desde los 60 se dijeron muchas cosas, como que la escuela reproduce las desigualdades sociales y hasta crea otras nuevas; no obstante, consideran que *tal vez no exista institución más volcada a la igualdad que la escuela* (Idem, 66).

Es cierto que también distintos grupos intentan usar la escuela para tratar de resolver problemas sociales. Ello implica que la *politizan*. Escuela y política, empero, difieren: la segunda se relaciona con las negociaciones; la primera sólo está para hacer posibles el estudio, el ejercicio y la preparación (Idem, 101). Entienden estos pensadores que ése es un modo de domesticar a la escuela. Aclaran que no es cuestión nueva el hecho de que la escuela prepare a los jóvenes para el mercado laboral y los estudios superiores. Novedoso es el cómo se pretende hacerlo actualmente. «Lo decisivo aquí es el deslizamiento del énfasis en el empleo al énfasis en la utilizabilidad»; significa «¡sé utilizable!». De semejante criterio deriva la enloquecida burocratización de la escuela (Idem, 102/103 y 105), que la desnaturaliza. Otra forma de domesticación es su *familiarización*, que sucede cuando se la pretende como padre sustituto de los estudiantes, como si cumplir ese rol fuera función específica de la escuela (Idem, 105). Frente a tantas críticas, se preguntan cuál es el *sentido de la escuela*, y éste no puede sino ser el *pedagógico*: «En pocas palabras, la tarea de la educación es asegurar que el mundo hable a los jóvenes» (Masschelein & Simons, 2014-89 y 91). *Lo público* puede ser muchas cosas; según Hanna Arendt, es el *mundo*, en cuanto común a todos nosotros y en cuanto diferenciado de lo nuestro que es privado (Gimeno Sacristán, 2013-194). Acuerdo con el autor español en que *la escuela debe garantizar el acceso de todos a ella*, incluso cuando su tiempo se prolongue. Para eso ha de ser obligatoria, gratuita, laica, impartida en sitios cercanos al domicilio del estudiante, integradora y no selectiva, equitativa y destinada a brindar formación integral; asimismo un propósito importante debe ser el garantizar la transmisión de una *cultura relevante* (Idem, 203/212). Ello representaría una metodología destinada a tratar de reducir la brecha entre el capital social y cultural de los alumnos menos pudientes y el de los que tienen recursos. Por ello mismo, también fue importante integrar las TICs (tecnologías de la información y la comunicación) al currículum, para evitar otra brecha: la digital.

Por fin, cuando se hable de una institución no selectiva

70

sino integradora, debe considerarse al *sujeto como el primer referente*, antes que la cultura, la sociedad, la democracia, el mundo laboral y cualquier otra cuestión (Gimeno Sacristán, 2013-207).

Hoy por hoy, en nuestro país, donde existen altos índices de pobreza e indigencia, la obligatoriedad legal de la concurrencia a la escuela abre una posibilidad de igualación de oportunidades entre todos los niños y niñas de nuestra sociedad, ya que no todas las familias se hallarían capacitadas para brindar instrucción formal a sus pequeñas y pequeños, *si se optara por la eliminación de la institución escolar.*

«Oprimidos y Opresores»

Luego de afirmar la necesidad de la escuela, anclaré la mirada sobre Paulo Freire, quien si bien apoyó las ideas de Illich, trabajó y fue exitoso para su país por el desarrollo de la *educación popular*. El nombre del apartado se inspira en el libro «Pedagogía del oprimido», de aquel autor, cuya primera edición brasileña es de 1970. El pedagogo, cuyas tesis siguen aplicando aquéllos que operan en la línea de la *educación popular*, carga con el extraordinario mérito de haber logrado que las masas rurales de Brasil salieran del analfabetismo, lo que le valió críticas, oposición política e inclusive el exilio. En efecto, fue el coordinador del «plan de educación de adultos en el Brasil entre 1962 y 1964» (García Hoz, 1981-30). En la contratapa del libro al cual se hará ahora referencia (dic. de 2010, Siglo XXI) se explica que Freire insiste en la posibilidad de asumir lúcidamente la condición humana; «[p]ara lograrlo, en un régimen en el que *los más explotados menos enuncian*, los oprimidos tienen que entablar una lucha contra los dominadores también en el plano del lenguaje» (mi destacado). Aquí existe conexión con la *vertiente decolonial* de los DDHH, en cuanto ésta da cuenta de que *la mayor opresión consiste en privar a los oprimidos y dominados de su voz*, y además resalta el hecho de la inmensa importancia que guardan las «pequeñas voces». Una de las tesis que en aquella obra se defiende es que «educadores y educandos, en la educación como práctica de la libertad, son simultáneamente educadores y educandos los unos de los otros» (Freire, 2010 b-32). Evidentemente, *porque todos tienen voces.*

Dado que la inspiración para la presente investigación se originó también en la lectura de obras del pedagogo brasileño, tomaré sus conceptos de *oprimido* y *opresor* con total conciencia respecto de la *dureza semántica de tales vocablos,* aunque con respeto por la valentía del autor, quien pudo poner nombre a la realidad que le tocó vivir, y producir verdaderos cambios. Antes, sin embargo, es necesario decir que no podría hablarse de ninguna de tales categorías subjetivas si no se presupusiera la existencia de la *relación opresora* -y «una vez establecida la relación opresora, está instaurada la violencia» (Idem, 51)-. El autor permite conceptuar al **opresor** como aquél que inicia la violencia de la cual los oprimidos son el resultado, y que no es capaz de reconocer al *otro* (explotado); es quien instaura el terror donde se generan los abandonados de la vida, y crea la tiranía y el odio: «instaura la negación de los hombres [...] que fueron despojados de su humanidad» (Idem). Opresores son los «que oprimen, explotan y violentan *en razón de su poder»* (Idem, 37; cursiva no original). «El dinero es, para ellos, la medida de to- das las cosas. Y el lucro, su objetivo principal»; «el valor máximo radica en el *tener más* y cada vez *más,* a costa, inclusive, del hecho del *tener menos* o simplemente no *tener nada* de los oprimidos. *Ser,* para ellos, es equivalente a *tener y* tener como clase poseedora» (Idem, 55; cursiva original). En definitiva, en la mirada freireana el opresor considera al oprimido un *objeto,* algo esencialmente inanimado. Esta tendencia de la conciencia opresora a inanimarlo todo y a todos -tendencia basada en el anhelo de posesión- se identifica con la tendencia sádica. Para así opinar, se apoya en Erich Fromm, cuando afirma que el placer de dominar completamente a otra persona o criatura inanimada es la esencia misma del impulso sádico, el cual busca el control completo y absoluto del otro, privándolo de algo esencial para la vida: la libertad. «*El sadismo aparece, así, como una de las características de la conciencia opresora,* en su visión necrófila del mundo» (Freire, 2010 b-56; mi cursiva).

La caracterización del párrafo anterior muestra un estereotipo de persona sobre la cual se pretende trabajar desde la *alfabetización emocional en la escuela primaria*, puesto que ese modo de ver la vida, el mundo y a las personas integra una conciencia y una lógica que son culturales. Aunque siendo la cultura una construcción sociohistórica o tempoespacial, puede ser deconstruida y reconstruida.

A partir del perfil delineado por Freire para los *opresores*, se puede caracterizar también a los **oprimidos.** En consecuencia, éstos son quienes sufren la violencia de los dominadores y su no-reconocimiento como personas u «otros» iguales que aquéllos; son los explotados e ignorados, en quienes el falso *asistencialismo* de los opresores genera mayor dependencia y menor poder de decisión sobre sus vidas. En «La educación como práctica de la libertad» (nov. de 2010, Siglo XXI), Freire aborda ese tema, considerando que se trata de una falsa virtud que los opresores suelen usar frente a sus víctimas. Cuando el pueblo (si se lo entiende como masa de personas oprimidas) toma conciencia de que no simplemente quiere *asistir* a la construcción de la sociedad sino también *participar* en ella, los dominadores sienten amenazada su libertad y acaban creando instituciones asistenciales que se vuelven asistencialistas (Freire, 2010 a-51).

El autor siempre se opuso a las soluciones asistencialistas, pues conllevan doble contradicción: la de negar la vocación natural de la persona (ser, no objeto, sino *sujeto*) y su transformación en objeto pasivo imposibilitado de participar en el proceso de su propia recuperación; asimismo, la de contradecir el proceso de democratización. «El gran peligro del asistencialismo está en la violencia del *antidiálogo*, que impone al hombre *mutismo* y *pasividad*, no le ofrece condiciones especiales para el desarrollo o la 'apertura' de su conciencia que, en las democracias auténticas, ha de ser cada vez más crítica» (Idem; mi cursiva). El asistencialismo culmina llevando a la masificación y «es una forma de acción que roba al hombre condiciones para el logro de una de las necesidades fundamentales de su alma: la responsabilidad» (Idem). En la página citada campea la nota 19, trayendo a colación la Encíclica *Mater et Magistra* de Juan XXIII, quien, tratando sobre las relaciones entre naciones ricas y naciones pobres, desarrolladas y en desarrollo, exhortaba a que las primeras, en su ayuda a las segundas, no lo hagan a través de lo que llama 'formas disfrazadas de dominio colonial'. Que lo hagan sin interés, con la sola intención de posibilitarles el desarrollo, económica y socialmente. Y es exactamente eso lo que el asistencialismo no hace.

Mi interés aumentó a partir de entender que se puede brindar una educación *específica* (emocional) a quienes luego, en terminología freireana, devendrían *opresores* en su adultez. Sin embargo, al seguir reflexionando, entendí que el brasileño no se había quedado corto al dirigir la alfabetización / liberación sólo a los oprimidos (afirma que ésta no puede ser iniciada por el dominador). Freire puso en palabras una *grave situación que afecta a los oprimidos y dificulta su autoliberación*: la llama «paradoja» y se explica a continuación. Dicho autor sostiene que como consecuencia del trato y la mirada que reciben de los poderosos, los oprimidos devienen inauténticos y duales, « 'alojan' al opresor en sí» y «mientras vivan la dualidad en la cual ser es parecer *y parecer es parecerse con el opresor*, es imposible» que construyan su pedagogía liberadora (Freire, 2010 b-38). Hablando de ésta, hay algo directamente ligado a ella y consiste en que «casi siempre, en un primer momento de este descubrimiento, los oprimidos, en vez de buscar la liberación en la lucha y a través de ella, *tienden a ser opresores también o subopresores*. La estructura de su pensamiento se encuentra

74

condicionada por la contradicción vivida en la *situación concreta, existencial, en que se forman*. Su ideal es, realmente, ser hombres, pero para ellos, ser hombres, en la *contradicción* en que siempre estuvieron y cuya superación no tienen clara, equivale a ser opresores. Éstos son sus testimonios de humanidad» (Idem, 39; la cursiva me pertenece).

La comprensión de esta paradoja me reveló que la educación emocional debe impartirse tanto a opresores cuanto a oprimidos: curiosamente, *en ambos casos para que los sujetos abandonen la matriz colonial que estructura sus modos de pensar, sentir y vivir*. Esa matriz genera las consecuencias del *odio* y el *resentimiento* en los oprimidos y, en los opresores, *sed desmesurada de poder e indiferencia y falta de empatía* con los explotados.

Resulta honesto recordar que, para Freire, la educación liberadora del oprimido exige su involucramiento con la acción política. No abundaré en el asunto porque mi interés se acota a una mirada pedagógica. Comparto la distinción entre *método de enseñanza* -en especial de alfabetización- e *instrumentalización* que Freire quiere hacer de él para el servicio exclusivo de una determinada actividad política (García Hoz, 1981-30). El autor citado critica a aquél recordando que los dos pilares de su método (el diálogo y la relación del aprendizaje con la vida) ya los habían tratado, por ejemplo, Sócrates y Séneca. Y lo que hace Freire es acudir al fácil recurso de una simplificación dialéctica donde la educación tradicional se ve como compendio de todos los males, en tanto que la educación liberadora resume todos los bienes y perfecciones. *Le parece grave que se confunda acción educativa con acción política* y «la reducción del proceso educativo a un mero instrumento de la revolución y la lucha de clases, alejando la educación liberadora del concepto cristiano de la realidad y de la vida para insertarla como un elemento de la lucha de clases tal como el marxismo la entiende» (Idem, 33). Sin perjuicio de mi fe, que comparto con el autor castellano, tampoco me parece adecuado usar la acción pedagógica como instrumento político. Como comenté con cita de Gimeno Sacristán, lo pedagógico es algo distinto. En todo caso, a la lucha política pueden dedicarse quienes tengan la vocación de hacerlo, pero no involucrarse en lo revolucionario no quita al estudiante su derecho a educarse. Ni, al docente, su derecho a educar. También adhiero a la preocupación de García Hoz, al interpretar que para Freire los hombres se reducen a dos clases de personas: oprimidos y opresores (Idem), pues todos los opuestos escamotean la realidad. *Pese a ello, tomo esa díada con gran interés, en cuanto estimo que ambos extremos pueden ser revertidos con el trabajo interior que supone la educación de nuestros sentimientos y emociones.*

Y adhiero a la sabiduría de las corrientes espirituales y de pensamiento que proponen la reconciliación de los opuestos.

La escuela, lugar amigable para la educación de la emocionalidad

Existen dos elementos que me permiten considerar el *entorno escolar* como ideal para la alfabetización emocional de la niñez: la adquisición de destrezas de persona independiente y responsable, y el desarrollo de la subjetividad como primera meta de la función pedagógica.

Toco aquí el tema del *desarrollo* del ser humano. Sin olvidar que el desarrollo económico es importante en la parte en que al Estado le corresponde favorecer las condiciones para que los habitantes del país encuentren posibilidades y oportunidades de trabajo y progreso, aquí deseo hablar del **desarrollo personal**, *el desarrollo integral que quieren los DDHH, y que comprende desde el desarrollo físico, mental y emocional del niño, hasta el intelectual, laboral, artístico/ deportivo y espiritual de una persona tomada a lo largo de toda su vida.* Sin despreciar las teorías ortodoxas de la evolución y el desarrollo de Darwin, Freud y Piaget, Gardner coloca el acento del nuevo núcleo teórico del desarrollo en la compleja interacción entre las disposiciones genéticas y las oportunidades medio-ambientales, aseverando que los «individuos no se desarrollan simplemente existiendo, o envejeciendo, haciéndose más altos; *tienen que llevar a cabo experiencias esenciales que redundan en periódicas reorganizaciones de su conocimiento y de su comprensión*» (Gardner, 1994-19/20; mi cursiva). Dichas experiencias requieren de libertad y responsabilidad, tanto subjetivas cuanto pedagógicas. *El desarrollo personal redundará en el social .*En este punto deseo hacer notar que la epigenética se encuentra investigando las vinculaciones entre el genoma de la persona y todas las relaciones con su entorno, con interesantísimas conclusiones.

El desarrollo implica, entonces, la formación integral de la persona, tornándola independiente y responsable, y sujeto autónomo a la hora de tomar decisiones en su vida. Por ello, «en la escuela el tiempo no se deja fluir sino que se *crea*, y allí se trata de la formación y no de la relajación» (Masschelein & Simons, 2014-118; cursiva original). Este *tiempo de suspensión* para la formación humana de los alumnos se caracteriza por su disciplina, palabra que malinterpretada provoca rechazo en algunos; sin embargo, como «cierto número de reglas» en que consiste, la disciplina enseñada con autoridad (no autoritarismo) ayuda a expandir ese tiempo personal de aprendizaje y de conexión con el mundo, y enseña que existen ciertos límites que corresponde respetar porque se vive gregariamente: «no son reglas que se formulen por amor a las reglas, y por lo tanto no exigen obediencia por la obediencia misma» (Idem, 61). La disciplina bien entendida, implementada con amor, desarrolla hábitos que tienden a convertirse en cierta naturaleza moral, necesaria para afrontar la vida.

Por tal motivo afirmo que es posible dictar aquella materia en el ámbito escolar. Su implementación permitiría *morigerar la función reproductiva de la escuela* que le

77

achaca la sociología. Es decir que, aunque existan un currículum y otras cuestiones pedagógicas legales, la *bisagra* entre ellos y la vitalidad de los niños estará dada por los maestros, quienes tienen un papel relevante a desempeñar. Bourdieu distinguió dos tipos de docentes: los que actúan dentro de un campo mediante la acción pedagógica, sin libertad de espíritu, con un *habitus* que los lleva a facilitar la reproducción de las desigualdades, y aquéllos que se rebelan y hacen historia y, siendo la escuela un *campo*, pueden producir con su lucha transformaciones en él (Flachsland, 2003- 78/79; cursiva original). A mi criterio, siendo la escuela una construcción cultural, no hay naturaleza ni esencia que obliguen a mantenerla rígida; al contrario, es posible transformar, vitalizar y humanizar en el día a día del aula el currículum y la experiencia escolar. La *educación emocional* seriamente tratada tiende a flexibilizar los criterios y puede llevar a evitar las injusticias que se le endilgan a dicha institución. Partí de la convicción de que *en la escuela es posible enseñar educación de los sentimientos y las emociones.* Es más: dicha alfabetización es una esperanza directa de poder evitar allí la reproducción de las desigualdades sociales.

No quiero dejar pasar un par de comentarios. Cuando defendí la tesis madre de este libro, los jurados me preguntaron sobre tres temas que creo interesantes para plantear. Primero, por qué creía que educar emocionalmente a alumnas y alumnos resultaría en mejores comportamientos sociales y, segundo, por qué deseaba hacerlo en la escuela, donde era posible que el tema se utilizara para indoctrinar. Por fin, uno de ellos se sorprendió de que deseara enseñarla a través de contenidos curriculares, cuando es evidente que el tema exige más bien la enseñanza transversal.

Sin importar qué contesté a la primera cuestión, quiero traer aquí una experiencia relatada por Matthieu Ricard. Trata sobre una escuela primaria situada en un barrio pobre de Oxford, Inglaterra. Es la Escuela de Kidlington, donde se trabajan los valores como plataforma del estudio de los temas curriculares. Eso lleva a los pequeños a tomar conciencia de que pueden administrar sus emociones, lo que transforma el ambiente de la clase, suscitándose un compromiso más sostenido y mayor placer en el estudio. Se ha probado así que el desarrollo personal de los alumnos crece y redunda incluso en progreso escolar. Kidlington es visitada anualmente por docentes de todo el mundo, quienes desean inspirarse en dicho modelo (Ricard, 2016- 550/551). En efecto, no se puede negar seriamente que, cuando existe algún tipo de entrenamiento emocional, la escuela será más tranquila; lógicamente, también se notará la diferencia en los demás ámbitos donde los niños se socializan, ya que lo que se logra con educación de las emociones es introyectar una visión diferente, que necesariamente debería teñir todas las conductas. Salvo que creamos que las personas somos una colección de compartimentos estancos sin relación entre sí. Ya se verá, cuando recordemos a Maturana y Gall, que en nuestra biología somos como una unidad sellada.

Respecto de la posibilidad de que con esta materia los docentes -no preparados aún... o sí- indoctrinen a sus alumnos o deseen hacerlo, esto es el riesgo de toda enseñanza y, en verdad, al menos en nuestro país, ha ocurrido con muchas materias y según los partidos políticos gobernantes, más o menos autoritarios. Desde que fuimos estado nacional. *Sin embargo, dudando y temiendo no se llega a ningún lado.* Hay que instruir a quienes dictarán esas clases y, con el tiempo, surgirán ciertos maestros de aquellos que nunca se olvidan, con sabiduría y tacto docente, y se podrá progresar. Esa es una de las enseñanzas que pueden emanar de la EE: que del esfuerzo sostenido y empático pueden brotar grandes logros.

Por fin, más allá de que corresponda actuar en la escuela transversalmente con comportamientos emocionalmente sanos y capaces de transmitir ejemplos de buena conducta al alumnado de primaria, en lo personal y dado que amo el conocimiento, pienso que a nadie dañaría conocer cómo es un ser humano por dentro, *cómo somos todos por dentro*, ya que ello puede llevar a los pequeños a advertir que los humanos somos iguales al menos en lo biológico y de ese modo comenzar a trabajar en favor de la no-discriminación y el amor al prójimo, fundamento auténtico de los Derechos Humanos como teoría.

Relato de algunas experiencias áulicas

Durante la preparación de la obra-madre de este libro, visité dos escuelas primarias de la ciudad de Salta. La primera fue una pública, la Nº 4.316, «Juana Azurduy de Padilla»; la segunda, «Uzzi College», Nº 8.187, es privada y aplica el sistema de Inteligencias Múltiples. Por conversaciones con los directivos y las propias docentes de ambas instituciones, pude saber que éstas suelen tener un cargo en una escuela pública y otro en una privada. Originariamente dichas visitas fueron planificadas como trabajo de campo, con la intención de detectar disfunciones emocionales en las aulas, que justificaran el tema de tesis.

A medida que fui estudiando, reflexionando y escribiendo mi originario *corpus* académico, quedó claro que no era sólo la escuela el lugar donde la EE debía producir sus frutos de inmediato, y la valoré entonces como el *lugar donde enterrar la semilla del conocimiento sentimental. Para producir frutos allí y fuera del establecimiento educativo*. Recién en ese momento se me manifestó la verdadera justificación de mi hipótesis. Pese a ello, haber participado de aquellas clases como observadora fue una experiencia muy rica. Por lo manifestado, no analizaré aquí los datos recogidos en aquellas oportunidades, sino que haré una evaluación general sobre el clima áulico que se vivió en cada experiencia, y sobre si están dadas las condiciones, en mi opinión, para la incorporación formal de la materia EE.

En la escuela «Juana Azurduy de Padilla» (calle Santa Fe al 800) las observaciones fueron realizadas en el mes de mayo de 2014, y es por esa prioridad en el tiempo que será la primera institución a considerar. Estuve en Primer Grado «B» y «A», Segundo Grado «A», Tercer Grado «C» y «D»,

80

Cuarto Grado «A», Quinto Grado «C», Sexto Grado «A» y Séptimo Grado «B». Concurrí los días lunes 12, miércoles 14, martes 20, miércoles 21, jueves 22, viernes 23 y lunes 26 de mayo de 2014. Es importante destacar que algunos días fui por la mañana y otros por la tarde, y que la Directora otorgó, a quien habla, plena libertad para elegir en cada ocasión el curso a observar, por lo cual asistí al dictado de diferentes materias (*Matemática*, *Lengua*, *Ciencias Sociales* y *Ciencias Naturales)* e ingresé en las aulas sin seguir necesariamente un orden (primero, segundo, tercer grados, etc.). En total, fueron nueve las aulas visitadas, a lo largo de siete días.

En la escuela «Uzzi College» trabajé en 2016, los días acordados entre la observadora y la dirección. Se me permitió concurrir los miércoles 20 y 27 de abril del año mencionado, en ambos casos por la mañana. El primer día, en calle España 1.650, donde se encontraban los grados más bajos y, la semana siguiente, en la sede de El Huayco, donde funcionaban sextos y séptimos. En el inmueble de la ciudad funcionaban quince grados: de primero a quinto, secciones «A», «B» y «C» para cada uno de ellos. Se pudo concretar las observaciones en cuestión en Primer Grado «B», Segundo Grado «B», Tercer Grado «A» y «B», Cuarto Grado «B», Sexto Grado «A» y «B», y en Séptimo Grado «A» y «C». En esta institución, durante dos mañanas, estuve en nueve aulas: sólo faltó poder concurrir a un Quinto Grado, pero no fue posible. Las materias dictadas en tales oportunidades fueron *Matemática*, *Lengua*, *Ciencias Sociales*, *Ciencias Naturales* y *Formación Ética y Ciudadana*. Mi intención era poder asistir a *Oralidad*, espacio que cada grado tiene algunos días de la semana durante 45 minutos al iniciar la jornada, donde aparentemente los niños relatan una experiencia personal dentro del grupo, dando motivo a la docente para aplicar enseñanzas sobre inteligencia emocional. Sin embargo, por considerarse que mi intervención sería inconveniente, dichas observaciones no fueron autorizadas.

En ambas instituciones, en general eran maestras quienes se encontraban a cargo de las aulas. Había un solo maestro (Uzzi, séptimo grado, Ciencias Sociales y Naturales).

Cuando experimenté la conveniencia de tomar a las escuelas como semilleros, releí las muchas páginas de observaciones que escribiera, para terminar aceptando que *en las escuelas salteñas es posible pensar como materia curricular la Educación Emocional. Tanto en la escuela pública cuanto en la privada los diferentes climas áulicos detectados me alientan a pensar la posibilidad de esta enseñanza.* Si bien existen momentos en que los grupos o algunos niños pueden sentirse más inquietos, en general logran concentrarse y pensar, sintiendo entusiasmo por determinadas tareas que se realizan en el aula, en especial cuando son grupales y participativas, apoyadas por escritura en el pizarrón, adonde pasan todos los compañeros. En la Escuela «Padilla» me pareció detectar uno o dos probables niños-índigo, uno de ellos diagnosticado con ADD, a quien Supervisión permitía asistir sólo dos horas por mañana. También tuve la apercepción de que en la escuela nombrada había más espontaneidad en general dentro de las aulas. En ambas instituciones, los docentes estaban alerta para ir indicando conductas a cumplir (desde saludar hasta agradecer) y aprovechaban situaciones para señalar actitudes, según se presentaban las interacciones con los alumnos. ***Mi impresión es que la escuela primaria es un campo con muchísimas posibilidades dentro de esta propuesta.***

Ahora bien, dada la subjetividad implicada en cualquier estudio sobre lo emocional, me interesa transmitir en estas líneas una experiencia personal. Quizás por propia disposición anímica o porque el clima áulico en cada curso estuvo dado para que así fuera, *esta observadora pudo advertir* -a medida que tomaba notas manuscritas y grababa con ojos, oídos y piel todo lo que ocurría alrededor- *que, de manera creciente, renacían en ella el entusiasmo de su propia escuela primaria,* los sentimientos de curiosidad y deseo de aprender, el recuerdo de la mirada fascinada hacia la «señorita» que tenía tanto para enseñar y... ¡Sí!, es honesto confesar que sentí felicidad, el deseo de la imposible vuelta atrás... La neurociencia enseña que los recuerdos son recreaciones vivas de cosas pasadas, se tornan presentes en un sentido real: «...no sólo surgen en el presente, sino que también son vividos en él. Pues en el momento en que se aparece un recuerdo, ya no existe en el pasado, sino que se convierte en una parte de nuestras vivencias actuales» (Lohmann, 2014-16). Aquella maravillosa experiencia personal, que se repitió hasta el final de las visitas de observación, me convenció de que la institución primaria es un lugar amigable (ya dije 'privilegiado') para enseñar-aprender esta materia. Allí se olvida lo que quedó fuera de la escuela, nacen otros deseos e intereses y se construyen un presente y quizás un futuro.

Entonces, ratifico mi impresión de que la escuela primaria es un lugar magnífico para iniciar esta clase de educación.

CAPÍTULO PUENTE
LA MATERIA «EDUCACIÓN EMOCIONAL»

El presente capítulo intentará tender un puente entre la primera parte del libro y la segunda, tratando la última sobre conceptos propios del estudio de la Inteligencia Emocional, que habrán de servir para dar sustancia a la materia Educación Emocional. Por eso es ineludible hablar de los *contenidos* que la conformarán. Por lo tanto...

¿Qué currículum y qué contenidos?

Desde que estas líneas tratan sobre la *materia Educación Emocional* en las escuelas primarias de Salta (o de cualquier otro lugar geográfico), necesito abordar los *contenidos curriculares* y el *currículum,* por ser conceptos inescindibles del de *materia.* Respecto de los *contenidos curriculares,* a lo largo del tiempo y según necesidades sociales y políticas, fueron evolucionando e incorporando novedades científicas y, desde hace varios años, las tecnológicas (TICs). Actualmente las definiciones curriculares provienen de la Ley 26.206 (27/12/06). Según ella, el conocimiento y la educación son un bien público y un derecho personal y social, garantizados por el Estado (art. 2). ***Por su importancia, transcribo el art. 3:*** «La educación es una *prioridad nacional* y se constituye en *política de Estado* para construir una *sociedad justa,* reafirmar la *soberanía* e identidad nacional, profundizar el ejercicio de la *ciudadanía democrática,* respetar los *derechos humanos* y libertades fundamentales y fortalecer el *desarrollo económico-social* de la Nación» (lo destacado me pertenece). A su vez, el art. 4 impone a los Estados nacional, provinciales y C.A.B.A. la «responsabilidad principal e indelegable de proveer una educación integral, permanente y de calidad para todos/as los/as habitantes de la Nación, garantizando la igualdad, gratuidad y equidad en el ejercicio de este derecho». Mi impresión, desde el *deber-ser* en que la profesión abogadil me entrenó, es que la ley -que posee flancos criticables- incorpora al sistema educativo, con carácter de norma exigible al Estado, *a toda la población en edad escolar*, se trate de ciudadanos o meros residentes, y el criterio de *igualdad de oportunidades*.

En el lenguaje académico se habló siempre del *curriculum vitae* (hoja de vida) de un individuo, y en lo coloquial *curriculum* ha significado algo portentoso para una persona, tanto positiva cuanto negativamente. En cambio, desde hace unos treinta o treinta y cinco años se ha comenzado a hablar en países de lengua latina de *currículum* como un término polisémico, pedagógico, que ha sufrido estudios de todo tipo y desde muy diversos enfoques. Representa una construcción cultural que depende del modo en que cada tradición pedagógica organice sus prácticas educativas. En las actuales sociedades del conocimiento, la complejidad de saberes convoca diversas perspectivas para el análisis del currículum, como asimismo múltiples lecturas e interpretaciones. Más allá de ello, empero, puede afirmarse que «el currículum es un artificio vinculado con los procesos de selección, organización, distribución, transmisión y evaluación del contenido escolar que realizan los sistemas educativos» (Gvirtz & Palamidessi, 1998-50). El Pequeño Larousse Ilustrado de 1983 no lo tenía incluido, salvo en relación con el currículum vitae, y ello no cambió en la edición 2016 del Gran Diccionario de la Lengua Española, de Larousse Editorial S.L. El Diccionario Esencial de la Lengua Española (RAE, 2006) dice: «**currículo. 1**. Plan de estudios. **2**. Conjunto de estudios y prácticas destinadas a que el alumno desarrolle plenamente sus posibilidades. **3. currículum vitae**». En Argentina, las voces «currículum», «currículo», «lineamiento curricular», se introdujeron en documentos oficiales (en especial para los niveles inicial y primario) en sustitución de las palabras «plan» y «programa». En la actualidad se cuenta con diversas definiciones sobre el *currículum;* transcribiré sólo una, por parecerme sencilla y comprensible: «*Programa de actividades, diseñado de forma que los alumnos alcancen, tanto como sea posible, determinados fines y objetivos educacionales* (Hirst, 1973)» - (Idem, 53; mi resaltado).

Los docentes saben, por experiencia, que el currículum es una «prescripción-unificada, sistemática, oficial, escrita- de lo que se debe transmitir y se debe hacer en la escuela», representando una idea concreta, restringida y no siempre obedecida por los docentes (Idem, 54/55). Desde una perspectiva pedagógica el currículum es un modelo a replicar o a desarrollar, influyendo sobre los sujetos de la enseñanza y el aprendizaje. Implica hablar de un *diseño* y una *práctica*, y entender que aquél consiste, por lo menos, en un cuerpo organizado de *conocimientos*, en una declaración de *objetivos* de aprendizaje y en un plan integral para la *enseñanza.* Sin perjuicio de otros argumentos e ideas que sobre el currículo se hayan dado, *lo hasta ahora dicho permite pensar que aquel podría comprender, entre sus contenidos y acorde con su teleología implícita (o no), enseñanzas sobre el mundo emocional.* Fundamentalmente, se lo ha considerado un instrumento válido para tomar decisiones en el aula y en la escuela. Estoy refiriéndome a la *concepción modélica del currículum*, que se basa en disciplinas científicas y académicas. No obstante, este método recibe críticas: presume que la realidad educativa es previsible y controlable; asigna al docente un rol subordinado; empobrece la práctica porque resta valor a los «saberes vulgares» y a «lo que no se aprende en la escuela» o se aprende dondequiera y la escuela no puede organizar ni controlar. Objeciones más importantes: *se excluyen modos alternativos de pensar y se desconocen las creencias de docentes, alumnos, padres y directivos.*

Confrontando esta concepción modélica, en las décadas

de 1920 y 1930 autores como John Dewey y Jeanne Kirkpatrick («Movimiento Progresista» o «Movimiento de la Escuela Nueva») *reaccionaron en relación con las bases puramente científicas y académicas de dicho modelo* y pusieron en el centro del problema al *niño* y el concepto de *experiencia*. Dijeron que currículum «es el conjunto de experiencias planificadas y proporcionadas por la escuela para ayudar a los alumnos a conseguir, en el mejor grado, los objetivos de aprendizaje proyectados, según sus capacidades». En Dewey, la noción de currículum se desplaza desde un *cuerpo definido de saberes* hacia un *proceso progresivo de ampliación del mundo infantil*. Tratándose de un currículum inserto en una sociedad democrática, el mismo autor considera que ha de ser *experimental y abierto a diversos fines sociales*. **Este modelo es de mi agrado, en relación con la enseñanza emocional.**

De regreso a la obra de Silvina Gvirtz y Mariano Palamidessi -en quienes hasta ahora abrevé conceptos sobre una *perspectiva pedagógica* del currículo-, me centraré en la ***perspectiva sociológica*** que ellos proponen, pues en ella campea la posibilidad de analizar la capacidad socializadora de la educación en cuanto apropiada para el desarrollo y la construcción de **ciudadanía.** Así, la tematización de la «experiencia» (es decir, el estudiante aprende de todo en la escuela y no se limita a lo que el currículum pretende) generó un movimiento muy importante. Su noción tomó distancia de las perspectivas formativa y pedagógica («lo que se debe enseñar / lo que se debe aprender») y se acercó a una visión descriptiva y explicativa («lo que realmente se aprende en la escuela», «lo que pasa cuando se enseña»). Estos autores ilustran *nociones* que revelan momentos del proceso de selección, organización, transmisión y evaluación del conocimiento: *currículum prescripto* (normas que son exigidas a los docentes), *currículum moldeado* (lo que dan los docentes a partir de esas normas), *currículum en acción o real* (lo que se enseña) y *currículum evaluado* (lo que se evalúa): (Idem, 66/67).

Hablan también de *currículum oculto:* el que incluye resultados no previstos y negativos desde el punto de vista docente, resultados buscados aunque no explicitados, y resultados ambiguos y genéricos. Los aprendizajes que con seguridad realizan los escolares se refieren a captar cómo satisfacer las exigencias y los gustos de un docente; cómo engañar o simular si ello está tácitamente aceptado; cómo simular que se posee determinados conocimientos; cómo lograr que el tiempo simplemente pase; cómo agradar a los compañeros... El currículum oculto consigue que el alumno aprenda a sobrevivir en el mundo de la escuela (Idem, 64). Lo significativo, cuando el docente lo advierte, es qué hace con ello a partir del descubrimiento.

Desde fines de la década de los 60, autores como Stenhouse reconceptualizaron la idea de *currículum, centrándola en el profesor y en las prácticas.* Ello exigía considerar las condiciones que definen la práctica escolar de cada establecimiento. Semejante mirada representa una perspectiva contextual de la tarea de enseñanza. Stenhouse (1987-29) ofrece un *concepto alejado del dogmatismo, el autoritarismo y el pensamiento único:* «Un currículum es una tentativa para comunicar los principios y los rasgos esenciales de un *propósito educativo,* de forma tal que permanezca abierto a discusión crítica y pueda ser trasladado efectivamente a la práctica» (cit. por Gvirtz y Palamidessi, 1998-67/68: cursiva no original). **Hago mías tales palabras.** Dictar *Educación Emocional* en la primaria requiere un currículo como el descripto, en especial en relación con *la apertura crítica.*

En la gran cantidad de criterios existentes sobre análisis del currículum, lo constante es la cuestión de los **contenidos**: «constituyen un eje de la problemática curricular» (Frigerio, en Frigerio *et al*, 1991-18) y sus distintas alternativas acaban sintetizándose en el *currículum real*, donde se articulan las *transposiciones didácticas* (procedimientos y mediaciones a cuyo través el conocimiento erudito deviene conocimiento aprendido). Se trata del proceso de adaptaciones y recontextualizaciones, genuino *proceso de construcción curricular*, matriz curricular, no sólo de contenidos sino modelo o matriz de aprendizaje que definirá la construcción curricular institucional (Idem, 23).

En la época de redacción del libro compilado por Graciela Frigerio al que recurro (publicado en 1991), comenzaron a salir a la luz opiniones menos dogmáticas y más flexibles relativas a la formulación de los contenidos curriculares. No obstante y, aunque en el discurso las cosas parezcan haber cambiado -en especial por la incorporación de las TICs-, se sigue observando una suerte de *cerco cognitivo*, tanto en los currículos prescriptos como en las propuestas editoriales. Pese a ello, toda estructura curricular cumple una *función creativa* que es permitida por la **estructura intersticial** que posee. En los intersticios es donde, de hecho, los docentes trabajan e incluyen los contenidos que transmiten, agregando, interpretando, innovando, *moldeando* el diseño curricular prescripto (Idem, 25). Pero dado que existe una tensión permanente entre *lo instituido* -la norma curricular- y *lo instituyente* representado en los actores, «si toda norma posee una intencionalidad conservadora y reproductora, los actores cuentan, a su vez, con la libertad de utilizar la fuerza instituyente presente en cada sociedad y en cada organización» (Idem). **Mantengo que una parte razonable de límites y rutina (currículum prescripto) resulta conveniente para establecer un primer camino y cierto orden destinados, justamente, a abrirse hacia nuevas libertades que la creatividad vaya generando, construida entre docentes y discípulos.**

Esta tensión y este resultado (que anclan en lo intersticial) también se registran en la *escuela primaria* (sobre la cual está dirigido el interés de este libro).

Queda por mencionar el **currículum ausente**, aquel comprensivo de conocimientos, valores y experiencias que el escolar *no* adquirirá en el aula, aunque son importantes para su formación. Aun así, no incurriré en la soberbia de creer que la incorporación de la materia «Educación Emocional» completará o suplirá esa ausencia. No obstante, *estimo muy conveniente su inclusión en el currículum, sobre todo porque los saberes que la sustentan (biológico, psicológico, sociológico, filosófico) poseen en su intimidad esa* **textura abierta o intersticial** *que funciona* **en las zonas de incertidumbre,** *donde se torna factible promover la duda, la pregunta, la búsqueda de significados y sentidos.*

En los sucesivos capítulos, al tratar diversos conceptos pertinentes a la Inteligencia Emocional (IE), podremos ir viendo cómo ligar los contenidos de la materia EE a los grandes temas que en estos tiempos no pueden dejar de tenerse en cuenta, como por ejemplo *la ecología, las cuestiones de género, la violencia social y mediática, el eterno y escurridizo asunto de la paz, los hábitos cotidianos de conducta, la posibilidad de una ética que se base en la sinceridad, en el compromiso y en el amor a sí mismo y a los demás…*

Por cierto, no estoy sugiriendo que las escuelas deban encargarse de dictar capacitaciones de PNL, ni dar sesiones de meditación, acompañamientos de bioneuroemoción, ni decodificación. O cualquiera de las prácticas de *coaching* que hoy están en vigor y a las que recurrimos para procurar mejorar nuestro bienestar. *Ojalá que todas estas estrategias pudieran ir incorporándose paulatinamente, en talleres tanto para el alumnado como para el cuerpo docente y los demás involucrados en la comunidad educativa, y confío en que, antes o después, ocurra.* Lo único que en un diseño escolar posible propongo, es comenzar a tomar contacto directo con esta gran revolución emocional, tanto a nivel cognitivo cuanto a nivel transversal. El hecho de desarrollar el autoamor, el autorrespeto y cierto grado de autonomía individual puede conducir a soñar con, y concretar, proyectos personales sin egoísmo, que sin duda harán personas más felices: cuando hay un cierto grado de felicidad auténtica, disminuye la violencia en todas sus expresiones. Y aunque nada de lo humano, por la inescrutabilidad de su vida inconsciente, sea garantía de nada, sí está presente la esperanza de que, trabajando el interior humano, algo bueno y hasta muy bueno se podría lograr. Eso solo justificaría el esfuerzo.

¿Qué maestros?

Las siguientes reflexiones alcanzan a todos los docentes, de todos los niveles y todas las materias. Sin embargo, los 'requisitos' que se estiman necesarios en el perfil de cualquier enseñante, resultan doblemente exigibles en quienes dicten EE. Corresponde aclarar que, en la primaria, *al principio y hasta que egresen los primeros maestros especializados,* no sería indispensable un maestro específico para dicha materia, pudiendo dictarla cualquiera de ellos, aunque es probable que mayor inclinación posean quienes enseñan las materias sociales y las naturales.

¿Qué perfil deseable de maestro propongo? Mucho se ha escrito. En el prólogo a la obra «Cartas a quien pretende enseñar» (Freire, 2003-xii), Rosa María Torres decía que hasta la OIT (Organización Internacional del Trabajo) consideraba la situación de los maestros en un punto intolerablemente bajo, por sus malos salarios, calidad de vida, autoestima y valoración social, las condiciones de la enseñanza y las oportunidades de formación, todo lo cual había generado gran debate para resolver la «cuestión docente», la cual en este siglo XXI parece haberse transformado en un «proyecto de extinción». Leemos allí: «[l]as realidades son contundentes y se expresan en escala mundial: pauperización y proletarización de los maestros, nivel educativo precario de amplios

sectores del magisterio en servicio (incluyendo pobres niveles de alfabetización y educación básica), reducción de la matrícula y bajas expectativas y motivación de los aspirantes al magisterio, [...], *huelgas y paros cada vez más violentos, frecuentes y prolongados, los maestros percibidos como problema (antes que como condición y recurso) y como el obstáculo principal para la renovación y el avance educativos*» (Idem, xiii/xiv; mi cursiva). En dicha obra, Freire entrega sus «Primeras Palabras» manifestando que la tarea del docente, «que también es aprendiz», es placentera y asimismo exigente, porque requiere seriedad y preparación física, emocional y afectiva: «Es imposible enseñar sin la capacidad forjada, inventada, bien cuidada de amar» (Idem, 8). Afirma que el docente lo es con su cuerpo, emociones, deseos, miedos, dudas y pasión, no solamente con su razón crítica, y tiene que aprender a atreverse. Por ello, no debe sentirse meloso, acientífico o anticientífico. Añade el autor: «El proceso de enseñar, que implica el proceso de educar y viceversa, contiene la 'pasión de conocer'» (Freire, 2003-10). Por su parte, Robert L. Fried, prologando a Christopher Day en otro libro, afirma: «la enseñanza y el aprendizaje eficaces se basan, en el fondo, en el ejercicio de la pasión (y de la compasión) de los maestros en el aula, como un elemento más de la comunidad de aprendizaje en general» (Day, 2006-13). Fried se entusiasma al reconocer que Day trata la *pasión* como una *pieza maestra* para mejorar la enseñanza y el aprendizaje, no como un mero adorno. «La *enseñanza apasionada* no parece afectar las normas impuestas por los órdenes social, económico y político o, incluso, emocional. Sin embargo, su *función emancipadora* consiste en influir en la capacidad de los alumnos para entusiasmarse con el aprendizaje, en ayudarles a elevar su mirada más allá de lo inmediato y aprender más sobre sí mismos, en construir una identidad basada en imágenes nuevas» (Day, 2006- 191: mi cursiva).

En este punto se necesita determinar por qué se une las

familiares figuras de la maestra y el maestro con un concepto nada familiar, académicamente hablando (la pasión). Y es que el docente hace de *bisagra* entre lo prescriptivo y rígido de los contenidos del currículum, y la flexibilidad que es indispensable para transmitir vida y cotidianidad, ciencia y hasta erudición. Considerando la complejidad científica y existencial implicada en una materia como la propuesta (EE), entiendo que no sería suficientemente apto para transmitirla cualquier maestro, sino uno con el especial perfil que se intenta dibujar y que puede darle su capacitación en lo emocional. Un cambio de la cultura educativa que hoy es motivo de crítica, sólo será posible en la medida en que tal necesidad de cambio *encuentre un sitio en el pensamiento y las reflexiones de los maestros.* La pasión hará centro en los esfuerzos intelectuales y el compromiso de los docentes (maestros y profesores) para trabajar en beneficio del estudiantado. Aquí se ingresa en el delicado tema de los *valores* del docente. Se han propuesto muchas enumeraciones, pero bastaría hablar de sinceridad, coraje, afecto, imparcialidad, sabiduría práctica, altruismo, integridad reflexiva, humildad y verdad (Day, 2006-40/41).

En general, los escritores que estudian la pasión, encuentran otras características que el maestro debe poseer como partes de su persona, de su *yo*: autoimagen favorable, autoestima, motivación para el trabajo y perspectivas futuras (Day, 2006- 38). La pasión no es inocente, posee requisitos: es *rigurosa* pues exige una mejora continua del enseñante tanto en el conocimiento de contenidos cuanto en su propia *performance* frente al aula, y debe ser igualmente *intuitiva*, para las inevitables improvisaciones que la enseñanza plantea en el día a día. ***Mi impresión es que la pasión, a veces, también debe ser heroica.*** Que un docente apasionado se vuelque hacia un niño para transmitir conocimientos, exige partir de una idea de Dewey: *nadie transmite una idea.* Quien *escucha* al docente protagoniza *un hecho* de incorporación de esa experiencia: podrá ignorarla, absorberla, o reflexionar

94

sobre ella y, entonces sí, incorporarla como idea en su propia mente (Finkel, 2008-244/245). Dewey trabajó sobre la afirmación de que la educación no consiste en narrar y ser narrada sino en un proceso activo de construcción, donde la única forma de aprender es reflexionar sobre la experiencia (Idem, 254). En fin, el maestro pondrá de su parte lo necesario para crear condiciones en que el alumno pueda alcanzar un aprendizaje significativo.

Frente a las actitudes del maestro hacia el alumno, necesarias para que se produzca aprendizaje (sin garantía, nunca, de éxito, pues según está estudiado, la *enseñanza* no siempre va seguida de *aprendizaje*), preguntamos *qué debe obtener de su discípulo el maestro, qué debe enseñarle y para qué.* En este punto son reveladoras las observaciones de Max Van Manen y Philippe Meirieu. El segundo relata cómo *Herr Doktor* Frankenstein (el médico ginebrino de la novela de Mary Shelley) arma un ser monstruoso con pedazos de muertos y luego quiere darle vida. Sin perjuicio de que ello muestre el espíritu curioso e investigador del hombre, la conclusión a que arriba el autor es que el maestro no puede pretender fabricar un ser y luego dejarlo abandonado, que es lo que el médico hizo con Frankenstein. O sea, no se puede poner vida a un rejunte de trozos de muerte, del mismo modo que no se puede 'fabricar' un ser humano con las enseñanzas de su educador, cuando éste quiere hacer del niño 'su' obra. Se está así en el núcleo duro de la aventura educativa, donde poco importa la autonomía del estudiante frente a la omnipotencia del maestro. Se dijo que en la verdadera enseñanza no hay garantías. Eso, porque cada uno debe llegar a ser su propia obra, «obra de sí mismo», en palabras de Pestalozzi (Meirieu, 2007-70), es decir, no ser necesariamente lo que pretendió el educador, sino algo propio. Meirieu habla de una «revolución copernicana» necesaria en la pedagogía, que consistiría en saber que se educa a alguien sin poder moldearlo al gusto del educador: «[...] aunque la didáctica sustituya a la cirugía, aunque conocimientos extirpados de bibliotecas reemplacen a fragmentos de cadáver

95

desenterrados de cementerios, permanecemos en el mismo sueño o, mejor dicho, en la misma pesadilla: hacer vida con la muerte, fabricar un sujeto acumulando elementos y esperando que, mágicamente, una 'chispa de vida' venga a ligar y a dar animación a ese cúmulo» (Idem, 69). Pues «la finalidad educativa» es «que aquel que llega al mundo sea acompañado al mundo y entre en conocimiento del mundo, que sea introducido en ese conocimiento por quienes le han precedido... que sea introducido y no moldeado, ayudado y no fabricado» y «pueda 'ser obra de sí mismo'» (Idem, 70).

Van Manen, por su parte, en su obra «El tono en la enseñanza» brinda una serie de conclusiones sobre cómo ha de ser la actitud del educador frente a los educandos. De ellas sólo se extraerá para estas líneas la necesidad de actuar con *solicitud* y *tacto*, virtudes que no define, por lo cual las tomo en el sentido coloquial, en tanto «diligencia o instancia cuidadosa» (*solicitud*, primer significado, Diccionario Esencial, RAE, 2006), y «prudencia para proceder en un asunto delicado» (*tacto*, cuarto significado, Idem). Se habla, así, de un maestro delicado en el trato con el educando, pues sabe que es un igual que merece todo su respeto. «La solicitud, el tacto componen una cualidad peculiar que tiene que ver tanto con lo que somos como con lo que hacemos. Es un conocimiento que surge tanto del corazón como de la cabeza», ya que cultivar esas virtudes desarrolla en el docente la consideración afectuosa hacia la singularidad de los niños (Van Manen, 2004-16). Tales conceptos recuerdan que «el diálogo es una relación comunicativa simbiótica entre iguales, que exige un compromiso tanto emocional como cognitivo» (Burbules, 1999-9). *En efecto, una didáctica de base iushumanista (de Derechos Humanos), decolonial y democrática, en especial cuando hablamos del desarrollo pleno incluyente del emocional de las personas, tiene que ser dialogal para ser respetuosa. Y es en ese diálogo donde se va ayudando al alumno a vislumbrar y descubrir su propio camino,* aunque difiera de la perspectiva del educador. *En ese 'fracaso'* (diferir) *probablemente se encontrará el éxito de la educación*. Cuando el educador haga suya la idea de *aceptación del otro*, propia de la educación emocional y de los Derechos Humanos, sabrá que no hubo fracaso sino autonomía del estudiante. Tacto, solicitud y diálogo son instancias relevantes en la educación sentimental de una persona. La Educación Emocional será mejor transmitida por personas solícitas y delicadas en el trato a los estudiantes, apasionadas y esperanzadas en su tarea de ayudar a aquellos a llegar a su autonomía, paso a paso y aprovechando el asombro y la curiosidad naturales en la infancia y la niñez. Pienso también que la *paciencia*, cuya base es emocional, será importante para un docente que enseñe esta materia.

Por último, en la tesis antecedente de este libro fueron considerados los alarmantes niveles de *desgranamiento escolar*. Si bien no se cuenta con soluciones mágicas, es posible pensar que, con niños bien tratados por sus maestros, que hayan podido adquirir interés en su autoconocimiento y autocontrol, y establecer relaciones afectivas con sus compañeros, dicho drama escolar vaya disminuyendo y hasta, quizás, un día desaparezca.

SEGUNDA PARTE

CAPÍTULO V
PRIMERAS APROXIMACIONES AL CONOCIMIENTO DE LA INTELIGENCIA EMOCIONAL (IE) – I

> *«No hay nada más poderoso que una idea cuyo tiempo ha llegado.»*
> VICTOR HUGO

Según aprendí de la profesora Nicola Schutte (ICEI 2019, 15-07- 19), los orígenes de la Inteligencia Emocional (en adelante IE) son *biológicos* (contemplan nuestra disposición genética, influencias neurológicas y base del temperamento), provienen de *procesos cognitivos* (habilidad cognitiva medida por el cociente intelectual -CI-, estilo de procesamiento), y ocurren según *estados de conciencia y de la mente* (conciencia plena, motivación) y según *factores situacionales* o externos (los hechos que están ocurriendo a nuestro alrededor en cada oportunidad).

Destrezas a lograr con su desarrollo

La investigación que realicé para la tesis-madre de esta obra, me autoriza a compartir desde ahora cierta afirmación *a priori*: un objetivo del estudio de la Inteligencia Emocional (IE) es aprender a usar el poder de las emociones para lograr una *sociedad más compasiva* (Marc Brackett, Yale, coautor del método Ruler; ICEI 2015, 17/09/15). Debe tenerse en claro, en IE, que interactuamos en forma cotidiana, a cada momento, con el medio social en que nos movemos; los ratos de soledad nos preparan para aquellos en que nos comunicamos con el mundo de los otros. He aquí por qué la meta de la compasión parece importante.

Acto seguido, tomaré de Salovey-Mayer las *cuatro habilidades* que ellos propusieran como *contenidos de la educación de las emociones*, partiendo de que el ser humano no sólo cuenta con capacidades intelectuales sino también con gran número de habilidades emocionales que afectan hondamente su pensamiento y sus acciones. La teoría de la Inteligencia Emocional sigue sufriendo críticas (¿existe?, ¿es innata en el ser humano?, ¿es un constructo?): podría afirmarse que sí existe pero que todavía falta mucho estudio y experimentación para sostener su validez predictiva (Pellitteri, John, *Workshop* ICEI 2015, 16/ 09/15). Mayer y Salovey encontraron, en su formulación de 1990, tres habilidades a lograr en el entrenamiento de este tipo de inteligencia: 1) *percepción emocional* (habilidad para percibir emociones propias y ajenas); 2) *comprensión emocional* (habilidad de comprender la combinación de la información emocional a través del tiempo y apreciar los significados emocionales), y 3) *regulación emocional* (habilidad para estar abierto a los sentimientos, propios y de los demás, promover la comprensión y el crecimiento personal). En 1997 incorporaron la cuarta habilidad, denominada **asimilación** o **facilitación emocional,** que consiste en la habilidad de *generar, usar y sentir* las emociones como necesarias para comunicar sentimientos o utilizarlos en procesos cognitivos (Idem).

Ampliando los conceptos, Fernández Berrocal y Extremera Pacheco sostienen que la *percepción emocional* como habilidad para identificar sentimientos propios y ajenos comprende la de prestar atención y decodificar con precisión las señales emocionales de la expresión facial, los movimientos corporales y el tono de voz. Además, implica la facultad de poder discriminar con acierto la honestidad y sinceridad de las emociones expresadas por los demás. La *comprensión emocional* significa aprender a desglosar el amplio y complejo repertorio de señales emocionales, etiquetar las emociones y reconocer a qué categoría pertenecen. Esta destreza comprende las actividades anticipatoria y retrospectiva para conocer las causas de un estado anímico y las consecuencias futuras de nuestras acciones (Fernández Berrocal y Extremera Pacheco, 2005-69/70).

La *regulación emocional* es, con todo, la habilidad más compleja de la IE. Esta dimensión incluye la capacidad de apertura a los sentimientos positivos y negativos, y a la reflexión sobre ellos a fin de descartar o aprovechar la información que los acompaña (Idem, 71). Una digresión: Pellitteri prefiere referirse a ellos como placenteros y displacenteros, en vez de positivos/negativos o buenos/malos (*Workshop* ICEI 2015, 16/09/15). Con la destreza ahora estudiada es posible regular las emociones propias y ajenas, disminuyendo las que generan malestar y aumentando las de bienestar. Aquí se aprenden estrategias sobre la regulación emocional propia y ajena.

Por fin, la *facilitación o asimilación emocional* se relaciona con el hecho de que *las emociones afectan el sistema cognitivo* y con el importante descubrimiento de que *los estados afectivos están presentes en el proceso de toma de decisiones*. Como esta destreza significa habilidad para considerar los sentimientos cuando se razona o soluciona problemas, fortalece la capacidad de priorizar los procesos cognitivos básicos y focalizar la atención en las cuestiones importantes. Los puntos de vista respecto de aquello que nombramos como «problemas», cambian según el estado emocional, y éste puede incluso mejorar el pensamiento creativo (Fernández Berrocal *et al*, 2005-69/70).

En resumen, las habilidades (*skills*) se enlistan en dos *compemtencias primarias*: personal y social. *Competencias personales*: consisten en la **autoconciencia o autoconocimiento y en la autogestión**. *Competencias sociales*: comprenden la **conciencia social y el manejo de las relaciones** (De Lazaro en *Talent Smart and Contributors*, 2009-23/24; mi resaltado). Y para dichos logros, se me ocurre, habrá que poder desarrollar nociones importantes sobre microexpresiones (faciales y corporales) y sobre lenguaje no verbal (de eso nos enseñan la PNL, la mediación y otros saberes relativos al lenguaje y la comunicación).

Quiero traer a colación un *objetivo* básico de esta revolucionaria inteligencia: el *autocontrol emocional*. Se asienta sobre tres pilares: el de **controlar el impulso** y el de **postergar la gratificación**, en primer término. Sus benéficos resultados fueron estudiados mediante la famosa **prueba del bombón** en preescolares, durante la década de los sesenta, investigación conducida por el psicólogo Walter Mischel (Stanford) hasta el fin de la secundaria de los niños seguidos (duró treinta años). Con el tiempo, los investigadores comprobaron que entre los alumnos que no resistieron el impulso de tomar de inmediato un bombón, y aquellos que aguardaron 15 o 20 minutos para obtener dos, había grandes diferencias. Los que se habían controlado -postergando su deseo y satisfacción- fueron luego adolescentes personalmente eficaces, seguros de sí mismos y capaces de afrontar las frustraciones de la vida (Goleman, 1996-106/107). Este concepto resume el tercer pilar del autodominio o autocontrol: la **tolerancia a la frustración**. Aquellos niños, ya mayores, habían aprendido a no derrumbarse o paralizarse en caso de tensión, y no se ponían nerviosos o desorganizaban al ser sometidos a presión; podían aceptar desafíos, confiar en sí mismos y ser confiables para los otros, tomaban iniciativas y se comprometían en proyectos. Por su parte, los niños que a los 4 años tomaron de inmediato su bombón en la prueba, llegaron a ser conflictivos, poco sociables, indecisos y fácilmente frustrables; el estrés los podía paralizar y se demostró su propensión a los celos y la envidia, a las actitudes bruscas e irritables, a las peleas y discusiones (Goleman, 1996-107). Semejantes conclusiones revelaron que *es esencial la capacidad de retrasar el impulso*, ya que mostraron cómo los alumnos estudiados podían «*interpretar la situa-*

ción social como una situación donde la postergación resultaba beneficiosa» (Idem; el resaltado es mío). Su capacidad de autocontrol les permitió ser estudiantes superiores, con gran capacidad de expresión, razonamiento, concentración, y deseos de aprender. Estas últimas comprobaciones resultaron sorprendentes y permitieron asumir que la *capacidad para postergar la gratificación* contribuye poderosamente a la potencia intelectual. En cambio, «[e]l control deficiente del impulso en la infancia también es un pronosticador poderoso de la posterior delincuencia» (Idem, 108). Respecto de este último concepto, debo decir que no se trata de una verdad inexorable, sino de la tendencia.

Aun sin garantías ni posibilidad de predecir el futuro, la IE es un descubrimiento de gran importancia, y su desarrollo y educación también lo son, dado que sus resultados o logros permiten obtener, con práctica y capacitación permanente, *salud mental, salud física (mejor vida, longevidad), mejores relaciones sociales y desempeño en el trabajo.*

Existen ya 56 estudios recientes sobre el aumento de la IE a través del *training* (entrenamiento). Esto fue comprobado respecto de docentes, cuidadores de la salud, empleados y estudiantes (Schutte en ICEI 2019, 15-07-19).

Actualmente, en el mundo se requieren habilidades emocionales para unos 80 tipos de trabajo, que comprenden a abogados, jueces, consejeros, enfermeras, policías, dentistas, encargados de edificios, operadores de maquinarias, camioneros, etc. (Mark Sparvell en ICEI 2019, 15-07-19).

Origen y significado del concepto IE

Hay consenso en atribuir la expresión «inteligencia emocional» (IE) a Peter Salovey y John Mayer, psicólogos de Yale y New Hampshire, respectivamente, desde 1990. Y en que fue popularizada por Daniel Goleman en su obra homónima, en 1995, fecha de la primera edición norteamericana. Éste reconoce que tomó de Salovey dicha expresión y que el mentado científico leyó y le comentó partes de su manuscrito. Ahora bien, aparentemente los acuñadores del concepto siguieron una dirección algo diferente a la de Goleman en «La inteligencia emocional». Salovey y Mayer continuaron investigando especialmente en la línea de la evaluación del rendimiento y de la influencia de las emociones en las personas, mediante distintos métodos y pruebas de IE. Mayer, Salovey y Caruso son los autores del divulgado método MSCEIT (*Mayer Salovey Caruso Emotional Intelligence Test*), que es seguido en muchos países. Tuve la oportunidad de concurrir a los congresos ICEI 2015 (Buenos Aires), 2017 (Oporto) y 2019 (Perth), y noté que la mayoría de los trabajos, ponencias, pósters y conferencias magistrales guardaban un carácter más bien estadístico y evaluativo. Los expositores pertenecían a grupos académicos que se encuentran investigando en distintos sectores de la población de países de toda América, de Europa (Este y Oeste) y de Asia. También se utiliza el método TMMS-24 (*Trait Meta Mood Scale-24*) del grupo de investigación de Salovey y Mayer. Se trata de una *escala rasgo* que evalúa el metaconocimiento de los estados emocionales mediante 48 ítems. En concreto, las destrezas con las que podemos ser conscientes de nuestras propias emociones, así como de nuestra capacidad para regularlas. El TMMS-24 contiene tres dimensiones-clave de la IE, con 8 ítems cada una de ellas: atención emocional, claridad de sentimientos y reparación emocional (www.emotional.intelligence.uma.es/pdfs/T MMS24% 20con% 20referencias.pdf. Visita realizada el 10-06-19).

Por su parte, Goleman ofrece en su popular obra un panorama sobre las emociones y sus influencias en la vida personal y social de los seres humanos, relatando distintas
104

situaciones y contingencias de la vida cotidiana, sin perjuicio de describir a veces los métodos científicos de control y evaluación. Lo importante desde que se la denominó de esa manera, hace veintisiete años, es que se ha despertado el interés por el tema y variados métodos y modelos de enseñanza/aprendizaje han florecido por todo el mundo. *¿Qué es la IE?* Salovey y Mayer, en su versión 1990, dicen que consiste en la habilidad para manejar los sentimientos y emociones, discriminar entre ellos y utilizar estos conocimientos para dirigir los propios pensamientos y acciones. Según la de 1997, *«la inteligencia emocional incluye la habilidad para percibir con precisión, valorar y expresar emoción; la habilidad de acceder y/o generar sentimientos cuando facilitan pensamientos; la habilidad de comprender la emoción y el conocimiento emocional; y la habilidad para regular las emociones para promover crecimiento emocional e intelectual»* **(Bisquerra Alsina, bibl.; el resaltado es mío).**

Aún suelen agregarse elementos al concepto o se reformula lo ya descrito: lo grandioso es poder admitir que ha ocurrido una verdadera «revolución emocional». El *Zeitgeist*, espíritu epocal que expresa las tendencias culturales de un tiempo determinado y lo caracterizan fue, a mediados de los 90, el enfoque en lo emocional. El *boom* ocurrió a partir del año 2000. Aunque la expresión IE sea a veces controvertida y malinterpretada, lo central es que *se observan cambios importantes en la conceptualización social sobre las relaciones entre emoción y razón.* Esta revolución afecta a la psicología, la educación y la sociedad en general (Idem). Si se mira que sólo en Argentina en los últimos veinte años las personas-promedio manejan términos antes reservados a aquellos saberes (empatía, depresión, estado de flujo, meditación, autoestima, estrés), puede verse la transformación cultural que está ocurriendo. Fundamental resultó ser la imbricación de la neurociencia en esta temática, considerando

105

que por la misma época de la IE comenzaba a consolidarse la *ciencia del cerebro*.

Podríamos continuar con infinitos autores y conceptos de *inteligencia emocional*, aunque parece suficiente recordar el aporte de Goleman, cuyo rol fue vital en esta revolución: *«conjunto clave»* de *«habilidades tales como ser capaz de motivarse y persistir frente a las decepciones; controlar el impulso y demorar la gratificación, regular el humor y evitar que los trastornos disminuyan la capacidad de pensar; mostrar empatía y abrigar esperanzas. A diferencia del cociente intelectual (C.I.), con sus casi cien años de historia de estudios de cientos de miles de personas, el concepto de inteligencia emocional es nuevo. Aún no se puede decir exactamente hasta qué punto explica la variabilidad de una persona a otra en el curso de una vida. Pero los datos existentes sugieren que puede ser tan poderoso, y a veces más, que el C.I.»* (Goleman, 1996-54; énfasis agregado). Por cierto, no existen garantías respecto de los sentimientos y acciones humanos, y la filosofía reveló el concepto de «inescrutabilidad» en la toma de decisiones -según vimos en el capítulo III-. Pese a ello, quienes cultivan este nuevo saber guardan grandes expectativas a su respecto.

Según López Rosetti, la primera afirmación relacionada con la IE fue la *inteligencia social*, acuñada por Edward Lee Thorndike (2017-193). Su teoría multifactorial de la inteligencia reconocía que existían tres clases diferenciadas: inteligencias social, concreta y abstracta. Thorndike (1874/1949), psicólogo y pedagogo norteamericano, pionero en psicología del aprendizaje, definió en 1920 la expresión como «habilidad para comprender o dirigir a los hombres y mujeres a actuar sabiamente en las relaciones humana(www.Google.com.ar/search?q=DEFINICION+DE+INTELIGENCIA+SOCIAL%2C+de+Thorndike&oq.Visita realizada el 11-06-19).

Actualmente se podría expresar que *inteligencia social* es

la capacidad para relacionarse con otros, en tanto que otros, en forma armoniosa y pacífica; se trata de una innata habilidad que es necesario desarrollar (www. psicologia.laguia2000.com/psicología-cognitiva/la-inteligencia-social. Visita realizada el 12-06-19).

Un primer adalid de las teorías sobre las distintas aptitudes mentales fue Franz Joseph Gall. Médico y neuroanatomista alemán, dictó clases en la Universidad de Viena entre 1781 y 1802. De sus ideas, hay dos que perduran en la ciencia actual. Primero sostuvo que *todos* los procesos mentales son biológicos y provienen del cerebro. Luego propuso que el córtex posee varias zonas diferenciadas, cada una de las cuales gobierna funciones mentales específicas. Afirmó que el ser humano es una *unidad sellada*, frente al dualismo cartesiano que existía (*res extensa / res cogitans*), lo que no fue bien recibido en general, sobre todo por la Iglesia, que favorecía la separación entre ciencia y religión (Kandel, 2007-144).

Durante la Guerra Mundial de 1914/1918, se hicieron las primeras pruebas para medir el coeficiente intelectual de las personas (CI), y se las realizó mediante el test inventado por entonces por Lewis Terman, psicólogo de Stanford, con lo cual -en palabras de Gardner- se inauguró un «modo de pensar CI». Tendía a probar si la gente era o no inteligente, si así nacía y cuál sería su destino según el nivel de inteligencia. En 1983, Howard Gardner publicó «*Frames of Mind*», oponiéndose al enfoque del CI y encontrando una variedad de siete inteligencias diferentes. Su teoría, llamada de las *inteligencias múltiples*, surge de su Proyecto *Zero,* que investigaba en Harvard. Desde 1984, él mismo y Richard Feldman, de la Tufts University, llevaron adelante el Proyecto *Spectrum*, así llamado porque descree de una sola forma de inteligencia y entiende que todo ser humano posee un *espectro de inteligencias* -entre ellas las *interpersonales* y las *intrapsíquicas*- (Goleman, 1996-57/59; Varela Calvo y Plasencia

Cruz, 2006-948). Las investigaciones de Gardner continuaron y de las siete primeras inteligencias que enlistó, llegó a veinte subinteligencias. Él mismo expresó a Goleman que no se puede medir con un número la multiplicidad de talentos humanos que existen. Lo seguro es que no basta el coeficiente intelectual para determinar la inteligencia y capacidad de una persona ni para predecir su éxito en la vida (Goleman, 1996, 59).

Las investigaciones sobre IE continúan y se sigue descubriendo capacidades y talentos que permiten que las personas se desarrollen mejor y alcancen su bienestar (no sólo el material, aunque también ése).

Genealogía y arquitectura del cerebro

Para entender cómo *funcionamos* las personas, en tanto seres con inteligencia emocional, es oportuno un recorrido por la geografía del cerebro humano. En principio, lo que relataré a continuación tiene apoyo científico, pero como en todo lo relativo a estas ciencias en desarrollo, podríamos ejercer la duda. Sin embargo, lo que plantearé es sumamente interesante y movilizador. Para Goleman (1996-27) en un sentido muy real poseemos dos mentes, dos formas diferentes de acceder a los conocimientos, las que interactúan para construir nuestra vida mental. De la *mente racional* somos conscientes; por el contrario, solemos ignorar u olvidar la *mente emocional,* que también aporta su poderoso e impulsivo sistema cognitivo, generalmente ilógico. Se suele identificar la razón con la mente y, la emoción, con el corazón. Sin embargo, *raciocinio* y *emocionalidad* deben correr parejos para lograr el desarrollo del potencial humano, conclusión a la que llegaron las ciencias: «los sentimientos son esenciales para el pensamiento, y el pensamiento lo es para el sentimiento» (Idem, 28).

El cerebro humano pesa aproximadamente un kilo y medio, tres veces más que el de los primates. Su crecimiento insumió millones de años y ha ocurrido desde abajo hacia arriba y desde adentro hacia afuera, habiéndose desarrollado sus centros más elevados como elaboraciones de las partes cerebrales inferiores y más antiguas. Cuenta con más de cien mil millones de neuronas. Su zona más primitiva se llama *tronco cerebral y* se ubica rodeando la parte superior de la médula espinal. También llamado *cerebro primitivo* o *tallo cerebral, éste no piensa ni aprende*, pero cumple las importantísimas tareas de regular las funciones vitales básicas (respiración y metabolismo) y controla las reacciones y movimientos estereotipados del cuerpo. El tronco cerebral asegura nuestra supervivencia, a la luz de dos instintos básicos: el de conservación y el de perpetuación de la especie; fue predominante en la Era de los Reptiles. A partir de este *cerebro primitivo o reptil* se desplegaron los centros emocionales. El primero de ellos está representado por el sentido del *olfato* -lóbulo olfativo, formado por células que toman y analizan los olores-. Cada entidad viviente -buena o perjudicial, según el que *huele-,* posee una *sintonía molecular* definida y transportable eólicamente. Esa *sintonía del olor* sirvió primitivamente, convirtiéndose el olfato en el supremo sentido de la supervivencia. En su primera etapa, el lóbulo olfatorio constaba de dos delgadas capas de células (neuronas): la primera detectaba el olor y lo analizaba, y la segunda enviaba mensajes a todo el organismo, prescribiendo qué hacer: morder, huir, perseguir, escupir, tragar, acercarse, etcétera. Al aparecer sobre el planeta los primeros mamíferos, aparecieron nuevas capas clave para el cerebro emocional. Éstas rodearon el tronco cerebral, configurándose en forma de una *rosca de pan* con un *mordisco* donde se asienta aquél. La susodicha *rosca* bordea el tronco cerebral, y dado que *borde* en latín es *limbus,* así nació su nombre: *sistema límbico.* Allí se almacena lo emocional. Este sistema también evolucionó, logrando perfeccionar dos herramientas puntuales: el *aprendizaje* y la *memoria.* Tanto el uno como la otra permitieron al hombre comenzar a adaptarse mejor a su medio. Luego, el bulbo olfativo y el sistema límbico aprendieron a trabajar conectadamente a través del *rinencéfalo (cerebro nasal)* -que integra el sistema límbico- y de la *base rudimentaria de la neocorteza (cerebro pensante):* un olor, retenido por la memoria, era reconocido como riesgoso o beneficioso y, hecho este análisis (rinencéfalo y rudimentos neocorticales mediante), el ser humano podía reaccionar adecuadamente. La reacción consistía en atacar o huir. A principios del siglo XX, un fisiólogo llamado Walter Cannon la denominó «reacción de lucha o huida»; también se la llama «respuesta lucha-huida-parálisis» (Malaisi, 2014-36).

Hace cien millones de años, el cerebro humano se desplegó de golpe, formándose un gran bulbo de tejidos enrollados, por encima del cerebro emocional de dos capas de neuronas, del que hablamos. Manes y Roca dicen que, si lo desenrollamos, alcanza el tamaño de dos hojas A4. Ese nuevo desarrollo de varias capas de células (*neocorteza*) representó una ventaja intelectual impredecible: *allí se asienta el pensamiento* y este nuevo órgano puede interpretar lo que perciben los sentidos. La neocorteza o neocórtex tiene la capacidad de *pensar* sobre los sentimientos y *sentir* acerca del arte, las ideas, los símbolos y la imaginación. ***Es revelador advertir que el cerebro racional surgió a partir del emocional: el pensamiento humano sólo se da en plenitud cuando está integrado por las mentes emocional y racional.***

Diferentes tipos de células forman nuestro cerebro; de ellas, las más importantes son las *neuronas* que, activadas electroquímicamente, permiten *pensar*. Distintas de las otras células humanas, las neuronas no se dividen, pero crecen y se conectan con otras neuronas. Cada neurona consta de un *cuerpo celular* y de dos tipos de *prolongaciones:* las *dendritas,* que reciben señales de otras neuronas, y el *axón,* que es el encargado de enviar el mensaje. En el tejido nervioso también se encuentran las *glías* o células gliales; **el conjunto de células gliales recibe el nombre de** *neuroglía.* Forman

110

parte de un sistema de soporte y son esenciales para el adecuado funcionamiento del tejido del sistema nervioso. *A diferencia de las neuronas, las células gliales carecen de axones, dendritas y conductos nerviosos.* Las neuroglías, a su vez, son más pequeñas que las neuronas y unas tres veces más numerosas que ellas en el sistema nervioso (www.psicoactiva.com/blog/las-celulas-gliales-tipos-funciones/ Visita de fecha 15-06-19). Entre sus funciones se encuentran la de indicar a las neuronas hacia dónde dirigirse cuando crecen, y la de procesar la basura que producen las neuronas, para permitirles trabajar (Roca y Manes, 2017-32).

Las neuronas forman *redes para tomar y comunicar información.* Una red recibe información del cuerpo y el mundo; otra, la pasa en *patrones;* la tercera reconoce los patrones y *decide* qué hacer con ellos. El punto de conexión interneuronal se llama *sinapsis:* si una célula posee un mensaje para otra, le envía neurotransmisores (sustancias químicas estimulantes) mediante la sinapsis. Cada célula recibe al mismo tiempo cantidad de paquetes de sustancias químicas. Cuando recibe suficientes paquetes, la estimulada envía una señal eléctrica al axón, que transmite dicho mensaje por sinapsis, o a otras neuronas o a un efector, que cumplirán la orden de la neurona.

Cada experiencia vivida por un ser humano es *conceptualizada* por el cerebro mediante un patrón definido, que luego almacena en su memoria. La neocorteza es la parte con capacidad para detectar patrones registrados por ella en experiencias previas asociadas especialmente a las emociones -luego se hablará de *marcadores somáticos-.* Tal conocimiento entra en escena cuando hablamos de *conductas aprendidas, reacciones automáticas o experiencias postraumáticas,* entendiendo que con educación sentimental es posible reformularlas, para evitar que el ser humano se vea a merced de sus emociones. *Como buscador de patrones, el cerebro almacena todos aquellos que percibe y parecen adaptarse y adecuarse.* Esto se denomina *programa,* siendo factible la afirmación de que **el aprendizaje, en su más sencilla formulación, consiste en la adquisición de** *programas mentales.* Cuando el cerebro incorpora un programa mental, éste se desarrolla inconscientemente. Tenemos ese tipo de programas para todas las actividades que realizamos: vestirnos, ir al trabajo, ducharnos, alimentarnos, amar, manejar nuestras emociones. Ahora bien: así como el proceso de adquisición de la información se denomina *aprendizaje,* llamamos *memoria* al modo y lugar donde se guarda tal información. Como la *memoria* permite al ser humano **usar su pasado, modelar el presente y prepararse para el futuro**, es importante estimularla mediante el uso de *formas narrativas,* ya que ellas presuponen un contexto donde las emociones juegan fundamental papel: gracias a éstas, el aprendiente puede focalizar y comprender los conceptos clave.

El cerebro se presenta dividido en dos *hemisferios,* uno derecho y otro izquierdo, conectados por un *cuerpo calloso, suerte de autopista enorme de axones,* al decir de Roca y Manes (2017-196). Básicamente, el hemisferio izquierdo es racional, en tanto su complementario es intuitivo, aunque Manes, en la obra recién citada, sugiere que no es así. Son **funciones del hemisferio izquierdo:** conexión con la autoconciencia (yo), escritura de la mano derecha, semicampo visual derecho, sensaciones táctiles de la mitad derecha del cuerpo, olfato de la ventana izquierda de la nariz, análisis a lo largo del tiempo, área del lenguaje, pensamiento analítico y racional, idiomas, análisis de detalles, ciencia, lógica, escritura y matemática. Son **las del hemisferio derecho:** conexión con la conciencia transpersonal (*self*), escritura de la mano izquierda, semicampo visual izquierdo, sensaciones táctiles de la mitad izquierda del cuerpo, olfato de la ventana derecha de la nariz, síntesis a lo largo del tiempo, pautas de pensamiento no verbal, conceptualización holística, apreciación musical, captación de formas o *Gestalts,* percepción artística, fantasía, danza, pintura y escultura, geometría espacial. Comparadas las funciones, del hemisferio izquierdo puede predicarse que es analítico, secuencial (procede paso a paso), verbal, objetivo, lógico; en tanto que, de su compañero derecho, que es *intuitivo,* intemporal, subjetivo, *emocional,* soñador... A cada uno de ellos corresponde un tipo diferente de pensamiento. También es útil añadir que el cerebro izquierdo maneja lo temporal; lo espacial pertenece al derecho. Es importante tener en cuenta que no se trata de dos hemisferios aislados entre sí, como señalan Singh y Boyle -2004-, sino que están interconectados, y su desconexión genera efectos drásticos en la vida de la persona, la cual podría manifestar desde síntomas leves -como ver una fruta y reconocerla pero no recordar su nombre-, o más graves -como desabrochar con una mano lo que la otra acaba de abrochar, o acariciar con una mano y golpear con la otra, en un conflicto intermanual- (Ferreres & Abusamra, 2019-179).

Desde el inicio de las indagaciones neurocientíficas se creyó, por espacio de varias décadas, que el cerebro constituía, al igual que el resto del sistema nervioso, un sistema eléctrico de comunicación, y que las funciones cerebrales eran determinadas únicamente por las conexiones sinápticas entre las neuronas. Fue en 1986 cuando Francis Schmitt, investigador del MIT (*Massachussets Institute of Technology*), propuso su idea de un «sistema parasimpático, donde sustancias químicas de información viajan por fluidos extracelulares *circulando por todo el cuerpo para llegar a específicos receptores de las células*» (Ortiz de Maschwitz, 127; mi resaltado). Evidentemente, sobre esa idea trabajó Candace Pert para llegar a su tesis de que existe un cerebro químico y a la idea de que el sistema ligando receptor constituye un *segundo sistema nervioso,* conclusión que le permitió afirmar: «¡El cuerpo es una mente inconsciente!» (Idem). Wikipedia me enseñó algo sobre *sistema ligando receptor*: «Un **receptor** de superficie celular típico tiene tres diferentes dominios o regiones proteicas: un dominio extracelular («fuera de la célula») que se puede unir al **ligando**, un dominio hidrofóbico que se extiende a través de la membrana y un dominio intracelular («dentro de la célula») que transmite la señal».

Por otra parte, la *amígdala* es un centro del cerebro límbico, y es la que permite que ocurran los ataques nerviosos o situaciones emocionales perturbadoras, tanto negativas (ira) como positivas (risa, hilaridad incontenible). Se presenta como un racimo (en forma de almendra) de estructuras interconectadas que se asientan sobre el tronco cerebral, cerca de la base del anillo límbico. El cerebro posee dos amígdalas, una de cada lado; se apoyan hacia los costados de la cabeza. Funcionan como depósitos de la memoria emocional; sin ellas, la vida de una persona se encuentra despojada de significados personales: *se incapacita para reconocer los sentimientos y hasta el propio sentir por los sentimientos.*

Sería reduccionista no comentar aquí la existencia del *Blue Brain Project*, al que se sumó, en España, el *Cajal Blue Brain* con el soporte de MAGERIT (es.wikipedia.org/Centro_de_Supercomputación_y_Visualizacion_de_Madrid. Visita realizada el 16-06-19). La experiencia provino de la idea del científico Henry Markram (psicólogo y doctor en neurobiología), quien fundó el *Brain Mind Institute* en la *École Polytechnique Fédérale de Lausanne* en 2002; el *Blue Brain Project* tuvo andadura recién en 2005. «Las metas del proyecto son obtener una completa comprensión del cerebro para posibilitar un mejor y más rápido desarrollo de los tratamientos de las enfermedades del cerebro» (www.artificialbrains.com/blue-brain-project: mi trad. Visita del 16-06-19). Dicho Proyecto ha comprobado que el cerebro humano opera al mismo tiempo en once dimensiones geométricas, que permiten que aquel se despliegue hasta el infinito, no de forma espacial sino geométricamente. Estas once dimensiones geométricas representan un altísimo grado de complejidad y explicarían por qué, cuando nos miramos adentro, tenemos la extraña sensación de que somos infinitos (www.youtube.com/watch? v=edhQ8gMBenU. Visita del 16-06-19).

Biología del amor

En este apartado preguntaré a la Biología sobre la condición humana. En «El árbol del conocimiento», Rolf Behncke, prologuista, destaca que para Humberto Maturana «el observador es un proceso viviente, y el entendimiento del conocimiento como fenómeno biológico debe dar cuenta del observador y su rol en él» (Maturana & Varela, 1990-XIX). En estas condiciones, entonces, ¿qué criterio explicativo usar, dada la *objetividad de la ciencia*, cuyas grandes preguntas eran: cuál es la organización del ser vivo, cuál es la organización del sistema nervioso y cuál es la organización del sistema social? Fue por los sesenta que el neurobiólogo elaboró, trabajando desde Chile pero en conjunto con los investigadores de cibernética en Estados Unidos,[2] una *tesis neurobiológica, tesis global sobre la naturaleza cognoscitiva humana*, desde una nueva perspectiva, la cual propone que lo central para este entendimiento es la *autonomía operacional del ser vivo individual*. Dio cuenta de una dimensión del conocimiento donde surge y existe la autoconciencia. Por el tiempo de aquellas investigaciones, Maturana trabajaba en la *percepción*, por un lado y, por otro, en la *organización del ser vivo*, al tiempo que se cuestionaba la naturaleza y los límites del *lenguaje* humano en tanto *operar descriptivo del conocimiento*. Ya en 1968 había comprendido que los fenómenos asociados a la *percepción* sólo se entendían si se consideraba que el operar del *sistema nervioso* implicaba una *red circular cerrada de correlaciones internas*; a su vez, la *organización del ser vivo* se autoexplicaba como un operar circular cerrado de producción de componentes que producían la misma red de relaciones de componentes que los generaba.

[2]Norbert Wiener había definido *cibernética* (arte de gobernar, en griego) como «ciencia del control y la comunicación en sistemas complejos (computadores, seres vivos)», a lo que Pask y von Foerster agregaron que era el estudio de las relaciones (de organización) que deben tener los componentes de un sistema para existir como una entidad autónoma. En este contexto apareció el principio de retroalimentación (*feed-back*), el cual autorregula la actividad interna del propio sistema (Maturana & Varela, 1990-XX).

Llamó a su teoría *autopoiesis* y planteó el problema del conocimiento no exclusivamente desde el enfoque del sistema nervioso, sino «desde la perspectiva del operar biológico completo del ser vivo» (Idem). Maturana unificó en una trama teórica *las ciencias de la vida y las ciencias sociales*, descubriendo un nuevo continente para explorar, desde una plataforma «que obliga a un profundo replanteamiento de la naturaleza de la condición social humana», o sea a admitir el carácter transdisciplinario que emerge en la indagación de nuestra naturaleza (Maturana & Varela, 1990-XXII). Sean cuales sean nuestras percepciones conscientes (sensoriales o espirituales: sentidos, sensaciones, emociones, pensamientos, imágenes o ideas), ellas *no operan* sobre el cuerpo sino que *son* el cuerpo; «todas esas dimensiones experienciales son, en el sistema nervioso, lo mismo, esto es, **son operaciones indiferenciables**» (Idem, XXIII; resaltado original). De ello deriva una biología compleja del conocimiento humano y «la **evolución cultural** de las sociedades humanas que se abre hacia la posibilidad seria de la reflexión ética, como se nos hace evidente a partir del proceso del conocimiento del cual surgen; la **autoconciencia** (del operar en lenguaje, esto es, en dominios consensuales) y la **inteligencia** humana (como facultad de absorber contradicciones generando dominios consensuales)» -Idem, resaltado original-.

Para la educación emocional, lo expuesto es fundamental porque *afirma la **base biológica de la naturaleza social del ser humano**, y que esa **base corporal permite su autoconciencia y su derivación hacia la ética**, generadoras de impacto cultural en las sociedades*. En toda su obra, Maturana parte del enfoque de que todo lo que conocemos, sensorialmente o no, lo conocemos desde nuestra propia historia de acciones biológicas y sociales (Maturana & Varela, 1990-15). Tal punto de partida demuestra que todo *conocer* implica un *hacer* de quien conoce, ya que aquel conocer depende de la estructura del que conoce, tomado como ser vivo en su totalidad. A su vez, en forma permanente el que conoce realiza *actos de distinción*, que es cuando señala cualquier ente u objeto y lo sabe separado del fondo. Es decir, en cualquier referencia que se haga, siempre está presente un criterio de distinción -aunque no seamos conscientes de ello- (Idem, 19 y 24). Dicho tema conecta con otro básico: *cuando se distingue, la pregunta es cómo saber que se trata de un ser vivo.* Aquí aparece el concepto de *organización,* o sea el conjunto de «aquellas relaciones que tienen que existir o tienen que darse para que ese algo sea» y, a la vez, esta capacidad de poder reconocer implícita y explícitamente la organización de un objeto al señalarlo o al distinguirlo «es universal en el sentido de que es algo que hacemos constantemente como un acto cognoscitivo básico que consiste nada menos y nada más que en *generar clases de cualquier tipo»* (Idem, 25; mi cursiva). Aquí es importante determinar dos cosas: en forma permanente el hombre descubre e inventa clases naturales o artificiales. En segundo lugar, la neurociencia -que es biología- también ha comprobado dicha situación: «el cerebro detecta en 170 milisegundos si un rostro integra o no el propio grupo de pertenencia y lo valora positiva o negativamente mucho antes de que seamos conscientes de ello. Esta investigación muestra que los procesos asociados a la discriminación y el prejuicio son automáticos y muchas veces pueden primar sobre otros mecanismos mentales» (Manes, 2014-328). El *grupo de pertenencia* es una *clase* que ya la persona formó, tiene incorporada en su estructura de ser vivo, y *así conoce y reacciona.*

Según el biólogo chileno, su teoría propone que «los seres vivos se caracterizan porque, literalmente, **se producen continuamente a sí mismos**, lo que indicamos al llamar a la organización que los define, *organización autopoiética»* (Maturana & Varela, 1990-25; negrita de mi cuño). Los seres vivos son unidades autónomas y *el cerebro participa de esa biología* y de ese *continuum* de autopoiesis (Idem, 28).

Fundamento biológico del fenómeno social. El amor. La empatía

Tanto organismos como sociedades pertenecen a una misma clase de metasistemas formados por agregación de unidades autónomas: el ser vivo tiene componentes con un mínimo de autonomía, en tanto las sociedades humanas los ostentan de máxima autonomía. Es básica en la organización de un organismo su manera de *ser unidad* en un medio donde debe operar con propiedades estables que le permitan seguir adaptado a ese medio. En los *sistemas sociales humanos* la cuestión difiere, ya que la identidad de las comunidades humanas depende no sólo de la adaptación de sus miembros como seres vivos sino, especialmente, como componentes de los dominios lingüísticos que construyen: «la historia evolutiva del hombre, al estar asociada a sus conductas lingüísticas, es una historia en la que se ha seleccionado la plasticidad conductual ontogénica que hace posibles los dominios lingüísticos, y en la que la conservación de la adaptación del ser humano como organismo requiere de su operar en dichos dominios y de la conservación de dicha plasticidad» (Maturana & Varela, 1990- 132). Por ende, el estudio de la fenomenología social humana debe tomar en cuenta aquellas interrelaciones, so pena de resultar defectuoso. Para poner de relieve la importancia de lo lingüístico, dice el autor chileno que, así como en los grupos de insectos la *unidad social* se produce por una interacción química llamada *trofolaxis*, entre los seres humanos la «trofolaxis social» es el lenguaje. Recordé, estudiando a Maturana, una reflexión análoga: «mi juicio es que la sociología no ha reconocido todavía un aspecto fundamental del fenómeno social. Quiero resumirlo en la siguiente tesis: **Lo social, para los seres humanos, se constituye en el lenguaje. Todo fenó-**

118

meno social es siempre un fenómeno lingüístico» (Echeverría, 2001-17; negrita original). Dice este autor español que cada vez que actuamos lo hacemos para atender una *inquietud*, y ésta es una interpretación que confiere sentido a nuestras acciones. Es decir, la inquietud es un relato que fabricamos para actuar. No buscamos *razones* sino que inventamos historias / relatos. Nuestras razones para actuar no son sino historias propias que construimos; no necesariamente son verdaderas, pero tampoco son triviales: «No hay salida de las redes del lenguaje» (Idem, 155/157). Esto fue advertido por numerosos intelectuales en el siglo XX, lo que inauguró para la filosofía el «giro lingüístico». El autor toma a la persona como *principio explicativo* que otorga coherencia a sus acciones, y amplía diciendo que *la persona es una historia* sobre quién es ella, basada en las acciones que ejecuta (Idem, 351/352). Siendo una *historia o narrativa*, la persona no es una entidad existente de la cual hable la historia. *Sin negar que actuamos según somos, también somos de acuerdo a cómo actuamos* (Idem, 351).

Maturana y Varela advierten que todo el mecanismo de nosotros mismos como descriptores y observadores garantiza y explica que *todo ese mundo, que traemos a la mano junto con los otros*, posee regularidades y mutabilidad en una mezcla típica de la experiencia humana, donde la solidez se combina con arenas movedizas. Es imposible salirse de él, salvo que se cambiara la naturaleza del cerebro, el lenguaje y el devenir. ***Nuestra biología ontogénica no guarda recuerdos de la larga cadena de estas dinámicas sociales, que se remonta a lo más remoto de lo filogenético.*** Por eso es tan frecuente que poseamos renovados *puntos ciegos* cognoscitivos, o sea *que no veamos que no vemos*, que demos todo por obvio. Deviene importante la siguiente reflexión: «Aquel *bagaje de regularidades* propias del acoplamiento de un grupo social es su *tradición biológica y cultural*. La tradición es al mismo tiempo que una manera de ver y actuar, una *manera de ocultar*. Toda tradición se basa en lo que una historia estructural ha acumulado como obvio, como regular, como estable, y la reflexión que permite ver lo obvio sólo opera con lo que perturba esa regularidad» (Maturana & Varela, 161/162; énfasis agregado).

Lo anterior obliga a reconocer que el hombre posee una estructura biológica y social que genera cierta ética, en cuyo centro pondremos la reflexión de que el ser humano se distingue por ser capaz. Si se piensa en la convivencia, la actitud correcta será recordar que *nuestros puntos de vista son el resultado de ese acoplamiento estructural en un dominio experiencial*, y que, al otro, oponente (a los 'otros' de la convivencia), le (les) ocurre lo mismo: *también tiene/n un punto de vista tan válido como el nuestro, incluso si el (los) suyo/s nos pareciera/n menos deseable/s*. **Una gran revelación de la biología finca en que, para poder convivir todos, es necesario reflexionar sobre la búsqueda de perspectivas más abarcadoras**. Ello puede llevarnos «a mirar al otro como a un igual, en un acto que habitualmente llamamos de *amor*». Más aún, «esto mismo nos permite darnos cuenta que el amor, **o si no queremos usar una palabra tan fuerte**, *la aceptación del otro junto a uno* en la convivencia, **es el fundamento biológico del fenómeno social**: sin amor, sin aceptación del otro junto a uno no hay socialización, **y sin socialización no hay humanidad**» (Maturana y Varela, 1990-163; mi negrita). Cualquier cosa que *limite* o *destruya* la *aceptación de otro junto a uno*, sea por la posesión de la verdad, la certidumbre ideológica u otra situación, también limita o destruye la posibilidad de que se dé el *fenómeno social* y, por ende, *lo humano*. «No nos engañemos, aquí no estamos moralizando, ésta no es una prédica del amor, sólo estamos destacando el hecho que *biológicamente, sin amor, sin aceptación del otro, no* *hay fenómeno social*, y que si aún así se convive, se vive hipócritamente la indiferencia o la activa negación» (Idem, resaltados del texto).

Hasta aquí, aparecieron conceptos que apoyan la idea de enseñar a regular mejor el mundo emocional -que es, antes que todo, biológico-, como *instancia primero subjetiva e individual* y, luego de ese permanente acoplamiento con los otros humanos, como *instancia social* (al iniciar el libro, propuse la transformación de los imaginarios socioculturales). *Estoy convencida, además, de que el amor es una* **categoría epistemológica**. Descartarlo como fundamento biológico de lo social y de sus implicancias éticas es desconocer nuestra historia de seres vivos de más de tres mil quinientos millones de años; no reflexionar sobre el hecho de que *todo conocer es hacer* y existe *identidad entre acción y conocimiento*, o que *todo acto humano se resuelve en lenguaje y posee carácter ético* justo porque tiene lugar en el dominio social, es como no admitir la ley de la gravedad. Lo analizado en esa obra «libera de una ceguera fundamental: la de no darnos cuenta que sólo tenemos el mundo que creamos con el otro, y que sólo el *amor* nos permite crear un mundo en común con él» (Maturana & Varela, 1990-164; es mi cursiva).

En la obra de los chilenos aprendí que «[l]a emoción fundamental que hace posible la historia de hominización es el amor. Sé que puede resultar chocante lo que digo, pero, insisto, es el amor. *No estoy hablando desde el cristianismo*» (Maturana, 1997 a-24). La emoción *amor* ha sido desvitalizada al haberse desvirtuado la noción *amor*, en particular considerando que éste es algo especial y difícil. Ello no es cierto, empero, ya que el amor es constitutivo de la vida humana y «fundamento de lo social [...] El amor es la emoción que constituye el dominio de conductas donde se da la operacionalidad de la *aceptación del otro como un legítimo otro en la convivencia*, y es ese modo de convivencia lo que connotamos cuando hablamos de lo social» (Idem, 24; mi cursiva). *El «otro» de que habla Maturana es el otro del que se habló en particular en el Capítulo II. Es decir, un otro que es igual al observador y tan sujeto como él (en todos los aspectos).* El autor insiste en considerar que sólo puede hablarse de la existencia de *fenómeno social* cuando la emoción fundante es el amor, de modo tal que sólo son *sociales* las relaciones que se fundan en la aceptación del otro como legítimo otro en la convivencia, donde la aceptación aludida deviene «conducta de respeto».

Estrictamente hablando, los seres humanos nos originamos en el *amor* y dependemos de él, a tal extremo que la mayor parte del sufrimiento en la vida humana proviene de negar el amor; el 99 % de las enfermedades se relaciona con negar el amor (Maturana, 1997 a-26). Mi idea en general es que *este amor del que se habla* va más allá de lo sentimental: incluye el autoamor o amor a sí mismo. Una conocida terapeuta norteamericana está convencida de que el origen de todos los sufrimientos y enfermedades que el humano padece, reside en el hecho de no tener amor por sí mismo. Dice: «independientemente de lo que parezca ser el problema, siempre centro mi trabajo en una única cosa, y es *amarse a sí mismo.* [...] De lo que hablo es de tener un gran respeto por nosotros mismos, y de estar agradecidos por el milagro de nuestro cuerpo y de nuestra mente» (Hay, 1989- 31/32). También Erich Fromm investigó el amor a sí mismo, comenzando por la creencia arraigada de que amar a los demás es virtud y, a sí mismo, pecado. Calvino tildó de *peste* a esa clase de amor y Freud la consideró narcisismo, lo que básicamente genera incapacidad de amar en quien lo padece. *Es una falacia lógica entender que el amor a los demás y el amor a uno mismo se excluyen recíprocamente.* Y añade: «Si es una virtud amar al prójimo como a uno mismo, debe serlo también -y no un vicio- que me ame a mí mismo, puesto que también yo soy un ser humano. No hay ningún concepto del hombre en el que yo no esté incluido. [...] El amor a sí mismo está inseparablemente ligado al amor a cualquier otro ser» (Fromm, 1991-62/63). Se suele creer que el autoamor es *egoísmo*. Sin embargo, «[l]a persona *egoísta* sólo se interesa por sí misma, desea todo para sí misma, no siente placer en dar, sino únicamente en tomar.

Considera el mundo exterior sólo desde el punto de vista de lo que puede obtener de él; carece de interés en las necesidades ajenas y de respeto por la dignidad e integridad de los demás; [...] es básicamente incapaz de amar» (Idem, 64; cursiva en el texto). Y completa: «*Es verdad que las personas egoístas son incapaces de amar a los demás, pero tampoco pueden amarse a sí mismas*» (Idem, 65; cursiva original).

El Maestro Jesús, interpelado sobre el primero de todos los mandamientos, contestó: «El primero es: Oye, Israel: el Señor, Dios nuestro, es el único Señor, y amarás al Señor tu Dios con todo tu corazón, con toda tu alma, con toda tu mente, y con todas tus fuerzas. El segundo es éste: 'Amarás a tu prójimo como a ti mismo'. No hay mandamiento mayor que éstos» (Marcos 12, 29/31). Notemos el orden de exigencias en el primer mandamiento: primero va el *corazón* y luego la *mente*. Y notemos que cada uno es medida del amor al otro. De lo expuesto surgiría que el amor que funda los fenómenos sociales (auténticos) va allende lo meramente sentimental. Se instala en la voluntad de la persona e irradia su energía hacia esa persona y hacia los demás. Volvamos al biólogo chileno: «Relaciones humanas que no están fundadas en el amor -digo yo- no son relaciones sociales. Por lo tanto, no todas las relaciones humanas son sociales, tampoco lo son todas las comunidades humanas, porque no todas se fundan en la operacionalidad de la aceptación mutua» (Maturana, 1997b-27). Obsérvese la rigurosidad de la última frase transcripta, en relación con el *único tipo de amor* (aceptación del otro como legítimo) *que puede fundar lo social*. Aquí se imbricará el tipo de amor en que yo finco mi esperanza de un mundo mejor, **amor que puede enseñar la educación emocional**. Me refiero al amor nombrado en el llamado «himno del amor» de San Pablo. Se encuentra en la «Primera Carta a los Corintios», 13- 4/7. El versículo 1 lo llama «Himno a la caridad», la cual en lenguaje del Nuevo Testamento significa 'amor': «**Características de la caridad**[4]. La caridad es paciente, es servicial; no es envidiosa, no se pavonea, no se engríe; [5]la caridad no ofende, no busca el propio interés, no se irrita, no toma en cuenta el mal; [6]la caridad no se alegra de la injusticia, pero se alegra de la verdad. [7]Todo lo excusa, lo cree todo, todo lo espera, todo lo tolera». Creo seriamente que se trata de un *amor de voluntad*, el cual, aprendido emocionalmente, puede alcanzar nivel cortical y convertirse en filosofía moral de la persona. «Los seres humanos inventamos discursos racionales que niegan el amor y así hacemos posible la negación del otro...» (Maturana, 1997 b-74). Esta denuncia ya se vio en la invención de los discursos modernos del racismo, y en todas las discriminaciones y dominaciones del «otro» que la humanidad viene protagonizando. Por eso, pienso que **los Derechos Humanos buscan, en el fondo,** reconstruir el amor en el tejido social y la convivencia pacífica.

Un excelente ejercicio del amor en la vida personal y social es el *altruismo*, que se opone al egoísmo -ya visto-. Dentro de su naturaleza caben cómodamente la bondad, la benevolencia, la solicitud, la entrega afectuosa, la fraternidad y la gentileza. Se habla de altruismo desinteresado e interesado. Aquí estoy refiriéndome al primero, aquel que podríamos conceptualizar como la preocupación desinteresada por el bien ajeno, motivación o disposición para interesarse por otro y encargarse de él. Algunos piden que se pase a la acción, otros no: sin embargo, la intención siempre debe estar presente. *El término fue acuñado en el siglo XIX por Auguste Comte.* Fue estudiado, como las demás emociones y

124

sentimientos, por muchos autores. Existen experimentos que hacen afirmar a los estudiosos su calidad de innato al ser humano. Sin embargo, parece venirnos desde nuestros antepasados simios. De todos modos, se ha comprobado en un montón de casos que en toda la naturaleza existe este tipo de comportamientos (Ricard, 2016-231). Lo interesante es que cuando una persona actúa altruistamente es casi seguro que sentirá gran satisfacción. Eso, a mi modo de ver, no le quita su valor moral ya que es el cerebro el que reacciona generando una serie de hormonas de alegría y salud, que son de índole biológica. Por eso varios pensadores afirman -yo cito a Maruso- que hacer el bien nos da felicidad y salud.

La *empatía*, habilidad central de la IE, se construye sobre la autoconciencia o conciencia de sí mismo: sólo cuando estamos abiertos a nuestras emociones somos capaces de interpretar los sentimientos ajenos. La imposibilidad de registrarlos representa un importante déficit de la IE y un trágico fracaso en el proceso de humanizarse. «Porque toda compenetración, la raíz del interés por alguien, surge de la sintonía emocional, de la capacidad de empatía» (Goleman, 1996-123). Sintonía es la coincidencia de pensamientos o sentimientos entre dos o más personas. La empatía (habilidad de saber lo que siente el otro) es una capacidad que puede impregnar toda situación de la vida personal, laboral, social y hasta política. Si la empatía falta radicalmente, podemos encontrarnos frente a la psicopatía criminal, a raptores y abusadores de niños. Al contrario, cuando aquélla está presente, las personas se vuelven más sociables, populares y sensibles. Favorece la vida amorosa (Idem, 124). La empatía está presente en el bebé desde su primer día de vida extrauterina.

Mientras la mente racional se expresa en *palabras,* la manifestación de las emociones es *de tipo no verbal;* por tanto, éstas se interpretan a través de canales paraverbales o analógicos, tales como la *voz* (el tono), los *ademanes* y la *expresión facial.* La clave de la empatía reside en saber interpretar

125

aquellos canales, para captar sus emociones subyacentes. Se comprobó que el 90 % o más de un mensaje es paraverbal y lo expresado de esta manera se percibe inconscientemente, por lo que se responde a aquél de manera tácita. Goleman sostiene que la empatía es algo proporcionado por la biología, pues el cerebro está diseñado para responder a expresiones emocionales específicas -por ejemplo, la facial- (1996-131). El circuito implicado trabaja en la conexión amígdalo-cortical: ella orquesta las respuestas adecuadas. También fue objeto de prueba en laboratorios el hecho de que cuando el cerebro emocional envía al cuerpo una reacción intensa (por ejemplo, la ira), es posible que haya poca o ninguna empatía. De lo cual se sigue que «la empatía exige suficiente calma y sensibilidad para que las señales sutiles de los sentimientos de otra persona puedan ser recibidas e imitadas por el propio cerebro emocional» (Idem, 132).

La *falta de empatía* es el núcleo que homogeneiza a *violadores, abusadores de niños y agentes activos de violencia familiar*. Consiste en una radical *incapacidad de experimentar el dolor de sus víctimas: mientras aquellas personas están dañando a éstas, su empatía se halla suprimida*. En todo el ciclo emocional que caracteriza tales crímenes, la constante es el *desapego emocional* que cubre desde el plan para encontrar a solas a la víctima, hasta el ensayo de lo planeado y su ejecución. Común denominador es que *estas personas nunca se colocan en la perspectiva de la víctima*. Caso especial es el de los sociópatas (psicópatas): no pueden sufrir con las víctimas. La *base fisiológica* de la psicopatía, según algunos teóricos, está en que se hallan interrumpidos los circuitos entre la corteza y el sistema límbico. Otros suponen una irregularidad en el funcionamiento de las amígdalas y sus circuitos relacionados. Pero todo esto merece ser anotado por una advertencia de Goleman (1996- 137): lo dicho no implica la existencia de un *gen criminal*. «Aunque exista una base biológica para una falta de empatía en algunos casos, eso no significa que todos los que la padezcan se dedicarán al crimen» (Idem).

126

Neuronas-espejo y empatía

En Parma (Italia), a mediados de los 90, el equipo de neurocientíficos dirigido por Giacomo Rizzolatti se encontraba trabajando con monos (sus áreas cerebrales relacionadas con sus brazos y manos, considerando que sus cerebros pesan cerca de un cuarto del cerebro humano). Uno de los científicos, con hambre, tomó una banana y empezó a comerla frente a un mono. En ese momento, en la computadora se produjeron descargas y señales de que el animal estaba moviendo sus brazos y llevando comida a la boca. Al mirarlo, no obstante, se vio que el macaco ¡estaba quieto! A partir de allí las investigaciones concluyeron en la existencia de las *neuronas-espejo*, que marcan un antes y un después en las neurociencias. Se demostró que ellas se activan o encienden cuando se observa o ejecuta un movimiento. Existen en las regiones inferiores de la corteza del lóbulo frontal y en parte del lóbulo parietal (López Rosetti, 2017-98/ 100). «La función más elemental de las neuronas espejo -es decir, activarse tanto ante el acto de tomar una taza y ante el mismo acto *observado*- sugiere que *sirven para reconocer los movimientos que realizan otras personas*. Asimismo, indican que el proceso de 'reconocimiento del movimiento' que de este modo se instrumenta es una suerte de *simulación* o de *imitación interna* de los actos observados» (Iacoboni, 2012-37; el resaltado me pertenece). Ahora bien, es posible que una misma acción o un mismo movimiento esté direccionado a una distinta *finalidad*: o el mono quería comer o bien quería poner el objeto (banana) sobre la mesa u otro lugar. Es decir, ¿las neuronas-espejo tienen capacidad para distinguir entre una intención y la otra del animal o sujeto observado? «Los resultados demostraron que la intención del experimentador *sí* marcó una diferencia, y que el patrón de activación neuronal durante la observación de este movimiento prensil reflejaba estrechamente el patrón de la activación neuronal que se producía cuando el mono ejecutaba las acciones prensiles» (Idem, 39; resaltado original). El investigador

Leo Fogassi abordó el interrogante sobre las intenciones, experimentando con monos y logrando demostrar que *estas neuronas codifican los movimientos que otros realizan, de manera mucho más sofisticada de lo que se creyó al comienzo.* Después del descubrimiento de Rizzolatti, Vittorio Gallese y Alvin Goldman conjeturaron que dichas células «podían representar un mecanismo neuronal clave para comprender los estados mentales de los demás», siendo ésta una idea minoritaria entre la comunidad científica: la *intención* siempre había sido considerada como fuera de los límites de los estudios empíricos, por ser demasiado *mental*. Pero el estudio de Fogassi y un experimento del equipo de Iacoboni en su laboratorio de la UCLA (Universidad de California, Los Ángeles) -sobre captura de imágenes- «respaldan de manera contundente la hipótesis de que comprendemos los estados mentales de los otros simulándolos en el cerebro, y lo logramos por medio de las neuronas espejo»: nuestro cerebro es capaz de reflejar especularmente los aspectos más profundos de las mentes ajenas, incluso a ínfima escala celular (Iacoboni, 2012-39/40). Es interesante escuchar que lo que realmente distingue al hombre de las otras especies no es el lenguaje sino su capacidad de imitar. Iacoboni cita en un epígrafe a Eric Hoffer, quien afirma: «Cuando tenemos la libertad de hacer lo que queremos, por lo general nos imitamos» (Idem, 53). *Es tan fundamental este descubrimiento, que tiene extensas proyecciones, las cuales se verán en el último capítulo. Baste decir ahora que los efectos sociales y políticos de la empatía (montada sobre el trabajo de las neuronas-espejo) son suficientes para motivar al Estado a la educación de los niños en la empatía. O sea, mediante Educación Emocional.*

CAPÍTULO VI
OTRAS APROXIMACIONES AL CONOCIMIENTO DE LA INTELIGENCIA EMOCIONAL (IE) - II

Relación de la IE con otras áreas del saber

La IE impregna todas las dimensiones en que se mueve el ser humano. Luego de leídas las destrezas que la conforman y varios conceptos que se fueron exponiendo en esta obra, es posible reconocer que ella está en la base de la ética, la política, el Derecho (incluidos los DDHH), la actuación estatal, la educación, el género, la ecología, la paz (incluida la paz familiar) y la salud. La razón de ello es simple: desde que lo racional y lógico deriva de lo emocional, biológicamente hablando, es forzoso concluir que allí donde actúa el hombre se movilizan todas sus inteligencias, incluida la emocional. Tomaré, empero, sólo tres ítems para fundar mi idea: el *Estado* -suscribo la necesidad imperiosa de un cambio de su rol (que se producirá sólo cuando cambien las personas que son su cara visible)-, la *corrupción y la compasión política*.

Al relacionar la IE con el **Estado,** *probablemente la primera relación consista en la posibilidad de ejercer el poder político dentro del marco iushumanista (de DDHH), con perspectiva decolonial y con una ética al estilo de Adela Cortina -mínimos de justicia y máximos de felicidad- (1994), ítems que suponen un alto nivel de desarrollo de la IE.* Por ello, sostengo la **necesidad de una fundamental transformación del rol estatal.** Las circunstancias históricas y sociales que se han venido sucediendo requieren de una figura estatal que intervenga en la vida social y económica de manera prudente, con leyes y «medidas de acción positiva que garanticen la igualdad real de oportunidades y de trato, el pleno goce y ejercicio de los derechos reconocidos por esta constitución y por los tratados internacionales vigentes sobre derechos humanos, *en*

129

particular respecto de los niños, las mujeres, los ancianos y las personas con discapacidad» (art. 75, inc. 23, Constitución Nacional; mi cursiva). ***El Estado debería convertirse en una institución proactiva en relación con estos grandes grupos vulnerables (DDHH de cuarta generación).*** Y para que ello se produzca, existe una cuestión que deberá desaparecer: la *corrupción*, y otra que deberá convertirse en conducta cotidiana: la *compasión política.*

Corrupción

Corromper significa, básicamente, echar a perder, dañar, podrir. Se puede hablar de la corrupción de las costumbres individuales, aunque parecería que, en las últimas décadas, se ha llegado a pensar que la *corrupción*, por antonomasia, se da en el quehacer político, en el de las corporaciones capitalistas y neoliberales que se relacionan con el Estado, y en las grandes organizaciones del crimen internacional. Aunque la condición humana se debate permanentemente entre el egoísmo y la sociabilidad, *vivir* implica *convivir* (vivir entre humanos). Si es así (natural y necesario), ¿por qué es tan difícil la convivencia? Por tres motivos: 1) los bienes son escasos y muchos desean esos bienes; 2) la mayoría de la humanidad siente pasión por dominar a la otra parte; 3) con excesiva frecuencia, los criterios egoístas predominan sobre los altruistas. Tales situaciones no suelen ser mutuamente excluyentes (Camps y Giner, 1998-18). En esta encrucijada se puede ubicar las raíces de toda corrupción. Ella se aceleró *brutalmente* a lo largo y ancho del mundo en los últimos años, pudiendo señalarse como concausas políticas internacionales dos grandes acontecimientos: la caída del muro de Berlín (09/11/89), que terminó con el orden bipolar internacional de la Guerra Fría iniciada después de la Segunda Guerra Mundial y que durase hasta los ochenta, caída que llevara a los analistas políticos a preguntarse si nos encaminábamos hacia el policentrismo o quizás hacia la trilateralización Estados Unidos-Japón-Unión Europea (Ander Egg,

130

2004-51). El segundo hecho fue la caída de las Torres Gemelas en el *World Trade Center* (11/ 09/01), lo cual dio origen a una cruzada estadounidense contra el terrorismo internacional: con la excusa de neutralizar a Bin Laden y Al Qaeda, hoy es posible hacer guerras arbitrarias (llamadas *preventivas*) en cualquier momento y lugar, donde la hegemonía de Estados Unidos se manifieste en su inmenso poder para movilizar recursos económicos, tecnológicos y humanos con fines militares: la corrupción política /económica está arraigada en el concierto internacional de los países.

Frente a esto, ¿dónde sembrar el optimismo de quienes creemos en la posibilidad de reducir dicha corrupción con herramientas aparentemente tan febles como las habilidades de la educación emocional? Y aun, ¿cómo apoyar su desarrollo para el logro de la paz, la reducción de la injusticia social y el cuidado amoroso del planeta -nuestro hogar-? Bajemos, entonces, a *lo personal*. Decimos que, más allá de que algunas conductas corruptas estén consideradas como delitos del Código Penal, la corrupción implica, ante todo, *falta de rectitud y defecto moral en las acciones*. Suele comenzar como un comportamiento personal, aunque luego se extiende (por lo *contagiosos* que son las emociones y los comportamientos). Dicha expansión, a nivel social, genera su instalación, quedando institucionalizada y normalizada en el imaginario social. Dado que la labilidad de los valores posmodernos y la relatividad moral han producido gran confusión, hoy se afirma con más fuerza que nunca que «todo vale», con borramiento de la línea entre el bien y el mal. La corrupción daña a la ética gravemente (Herrero, 2003-17).

La conducta analizada *tiene motivos profundos y es tan dañina que, a escala global, está tendiendo a terminar con el planeta y la humanidad.* Proviene de nuestro *lado oscuro*, de nuestra *sombra* (Jung), esa parte precisamente no iluminada por el altruismo y la generosidad. Afirmo que tiene base biológica, aquélla del terreno atávico donde nuestro cerebro

131

reptil reacciona brutalmente al miedo, al frío, al hambre, a cualquier ataque (o sensación de ataque) exterior, ante la inseguridad personal y social, ante las susceptibilidades del ego y la personalidad. Según las enseñanzas de Richard Dawkins («El gen egoísta», 1985), podemos sospechar (y a veces comprobar) que nuestro cerebro primitivo y genes reproductores retienen grandes dosis del *instinto de conservación a toda costa;* algo opuesto al altruismo es justamente dicha tendencia biológica. Nótese que se dijo 'tendencia': puede ser cambiada o mejorada. «Quienes confían y creen en el surgimiento de una sociedad más altruista no deben desanimarse ante las manifestaciones del egoísmo. Sin embargo, la existencia del altruismo verdadero no hace desaparecer el egoísmo de la sociedad. Éste reviste incluso a veces formas extremas que, si bien no son más que las acciones de una minoría de nosotros, pueden poner en peligro a la sociedad en su conjunto», dice Matthieu Ricard, y agrega: «Se comprende que el egoísmo sea la regla en los regímenes totalitarios, que conceden poco valor al individuo. También se manifiesta, no obstante, en los países libres y democráticos cuando grupos de intereses cínicos hacen de sus beneficios una prioridad absoluta, ignorando las consecuencias nefastas de su actividad para la población. Cuando esos grupos recurren a sabiendas a todo tipo de manipulaciones para preservar sus intereses, resulta entonces legítimo hablar de *egoísmo institucionalizado»* (Ricard, 2016-496). Es ese egoísmo el que activa y despliega la corrupción, pues entre las maniobras a que echa mano, se encuentran los contubernios con las administraciones estatales, y allí es donde florecen la corrupción política y la económica.

Ahora bien, si dichos grupos de interés «pueden concentrar las riquezas, cargar los costes ambientales a la sociedad, explotar a los trabajadores y engañar a los consumidores ..., y si su contribución a la sociedad es, a fin de cuentas, negativa, entonces, como subraya Joseph Stiglitz a propósito de la crisis financiera de 2008, es el sistema económico y político el que plantea el problema» (Idem). En efecto, la corrupción reina en el corazón de dichos sistemas.

La *propuesta educativa emocional* que formula este libro, con seguridad tendrá como resultado, en mayor o menor medida, una transformación personal que ha de ser la base de los cambios sociales. Matthieu Ricard insiste en la necesidad de devolver su importancia a la *transformación individual*: «Uno de los dramas de nuestra época parece ser subestimar considerablemente la capacidad de transformación de nuestro espíritu, incluso si se puede objetar que nuestros rasgos de carácter son relativamente estables. Observados a un intervalo de varios años, son raros los iracundos que se vuelven pacientes, los atormentados que encuentran la paz interior o los pretenciosos que se vuelven humildes. Es innegable, sin embargo, que algunos individuos cambian, y el cambio que se opera en ellos demuestra que no se trata de algo imposible» (Ricard, 2016-260).

A diferencia de lo que parecen sugerir las conductas generalizadas de la vida actual, la regla de oro de la convivencia (privada y pública) sigue siendo el *imperativo de consideración de los demás:* aquí puede pivotar el principio evangélico de 'ama a tu prójimo como a ti mismo'. Retrotraigámonos al 'lado oscuro' productor de conductas corruptas o gravemente egoístas. 'Dado el lado oscuro que nos es propio como especímenes humanos, la única posibilidad de autolimitarnos en bien propio y ajeno consiste en la educación». Muchos fracasados en nuestras civilizaciones pueden ser relacionados con los que no lograron internalizar las prohibiciones de crimen y de daño ajeno: esto explicaría el *afán maníaco de poder, la violencia en relación con los demás y con sus bienes,* como así también el empobrecimiento afectivo y emocional a través de rituales y observaciones diversas, o incluso un *comercio social basado en el devastador anonimato que implica el dinero.* El afán maniático de poder, la violencia sobre los otros y sus bienes, y los devastadores efectos del consumismo exacerbado acaban tornando corrupta a la gente (Herrero, 2003-18: resaltado original). «En un mundo cuya única religión universal es el dinero, la corrupción está en la naturaleza misma del sistema; es su carroña, pero es algo generalizado. La idea del dinero fácil, de la plata dulce, enloquece a la gente» (Ander Egg, 2004-50).

No integrar las ***prohibiciones de crimen y de daño ajeno*** torna a las personas proclives a la corruptibilidad pues no saben contener los impulsos primitivos de su tallo cerebral y actúan conductas socialmente dañinas. *Si a ello sumamos la normalización social que provoca la **garantía de impunidad del entorno**, puede entenderse cómo opera la relación entre lo emocional y lo social: el contagio emocional es vertical y horizontal.* Dije en otro lugar: «La educación emocional intenta mostrar a las personas que no necesitan perder la dignidad prestándose a la corrupción, para poder vivir decorosamente. [...] Es posible educar a los niños y a los adultos en la autoconfianza y en la seguridad en sí mismos. Una persona con autoestima y empatía termina volviéndose altruista y solidaria, y ése es un freno efectivo para la corrupción. 'La misma capacidad para el afecto empático, para ponerse uno mismo en el lugar de otro, lleva a la gente a seguir determinados principios morales' (27). Entre ellos, el de hacerse *responsable* de cada uno de sus actos. El corrupto es, antes que nada, un **irresponsable social**» (Herrero, 2003-19; la cita 27 pertenece a Goleman -1996-133-; lo resaltado está en el original).

En conclusión, **la persona corrupta es un acabado exponente de violencia social, simbólica y estructural.** *La persona emocionalmente entrenada, por el contrario, sabe que no existe la seguridad, que la vida es un mar de incertidumbres, que el exceso de bienes materiales realmente coarta la realización personal, es decir, el desarrollo integral de las personas. Si gen*tes así preparadas llegaran al gobierno (desde las esferas más altas hasta las más bajas), *tendríamos la esperanza de la* *no-corrupción y de un gobierno honestamente direccionado hacia el bienestar de la comunidad*; todos los miembros de la cual serán *sentipensados* (www.ub.edu/sentipensar/investigaciones.html. Visita de fecha 30-07-18) por los gobernantes, como iguales a ellos. Una persona así jamás sería un *energúmeno social* (en palabras de Camps y Giner) sino un ser empático y respetuoso de sus conciudadanos, y gobernaría según sus necesidades.

Releyendo las ideas anteriores, parece conveniente agregar que la corrupción supone un miedo previo y una condición de *apego* en la persona, si entendemos por apego la fe en la carencia que tiene el individuo, y la falta de autoconfianza. Esto ocurre cuando se ignora o se cree que son simples palabras las que afirman que el universo, lo creado, la naturaleza, como deseemos llamarlo, es pura abundancia y abundancia de todo: salud, felicidad, dinero... Ocurre que durante su existencia la humanidad ha sido engañada, no informada, sobre lo que llamamos la realidad y el conocimiento del mundo y del ser humano. En el «conócete a ti mismo» que la educación emocional favorece, es muy posible encontrar elementos que ayuden al individuo a salir de la mentalidad de escasez, a confiar en sí mismo, y a no caer en las garras del miedo y la corrupción.

Compasión política

Si ser corrupto implica *irresponsabilidad social*, fácilmente se puede caer en *irresponsabilidad política*. Ello puede importar daños graduables desde el umbral más bajo de la escala local hasta el más alto de la vida internacional. Es deseable, por el contrario, la ***compasión política***, y tiene que ver con la actitud de los gobernantes en el caso de los grandes grupos vulnerables, los desfavorecidos en lo socioeconómico y cultural, en su salud y sus capacidades, todo ello incluido dentro del corazón de la Teoría Normativa de los Derechos Humanos (TNDH, que mencioné en el capítulo II). *Compasión que* *se genera en una comprensión del dolor ajeno, social, y que debe movilizar más que los corazones; debe llegar al planteo de políticas públicas sinceras y efectivas, realmente destinadas a mejorar las cosas;* lo cual no ocurre con los hipócritas asistencialismo y paternalismo del Estado, sino con la puesta, a disposición de la sociedad política, de las oportunidades de estudio, trabajo, salud y tutela judicial (los mínimos éticos de justicia), pero también otras que enfoquen distintos proyectos de felicidad, al estilo que cada persona desee. Ahora bien: si no el asistencialismo (que paraliza, desubjetiva y objetualiza a los ciudadanos, minimizando su ciudadanía), sí puede ser oportuna, al principio, cierta asistencia. ***De esa compasión por los 'otros'*** *-seres autónomos e iguales que los gobernantes-* ***deben fluir decisiones políticas tendientes a lograr la justicia social, eliminando las desigualdades.***

Intuición y Resiliencia

Los conceptos nombrados en el título de este apartado son de aplicación fundamental, a mi manera de ver, en la vida de cualquier persona.

Intuición: ésta representa un tema complejo y esquivo acerca del que muchos han reflexionado y sobre el que aún existen desacuerdos. Aunque el interés por ella va creciendo, para la ciencia es secundaria pues se carece de una tradición investigativa o cuerpo de conocimientos aceptado por la comunidad científica. Sin embargo, se sabe que aporta muchísimo a los conocimientos que nos sirven para hacer mejores elecciones, y para vivir captándonos mejor a nosotros mismos y nuestro entorno, evaluando opciones y hasta prediciendo nuestro futuro. Ella cumple una función creativa que amplía nuestras capacidades, incorporando nuevas posibilidades y alternativas a nuestro panorama decisor, es decir en forma previa a que tomemos alguna decisión.

Por ejemplo, la intuición aún es muy cuestionada en matemáticas. Según postula Claudia López, docente de la Facultad de Ingeniería en la Universidad de Palermo, para los individuos las intuiciones suelen ser conocimientos autoevidentes y autoconsistentes, y es el carácter tácito de los procesos sobre los cuales se apoya la intuición, el que le confiere obviedad. Por eso, el autocontrol sobre las intuiciones es tarea difícil: «La intuición no sólo oculta sus estrategias tácitas sino que se opone automáticamente a cualquier análisis porque podría destruir su certeza intrínseca, su carácter compacto, su robustez. Como resultado de tal análisis el individuo se confunde poniendo en peligro su actividad de razonamiento» (López, www.palermo.edu.ingenieria/downloads / CyT6/6CyT%2004.pdf, p. 5. Visita de fecha 27-03-19).

Pese a ello, en las últimas décadas (más o menos desde los 60) la intuición se ha ido visibilizando y «es reconocida cada vez más como una *facultad mental natural*, un elemento clave para la solución de problemas y la toma de decisiones, un elemento generador de descubrimientos, ideas creativas, de pronósticos, un revelador de la verdad» (Goldberg, 1991-17; mi cursiva). De Descartes a la fecha han transcurrido más de trescientos años, los cuales se vieron dominados por el empirismo y el racionalismo. El primero considera que la única base confiable del conocimiento es la experiencia sensorial; a su vez, el racionalismo argumenta que la vía principal hacia la verdad es el razonamiento. Frente a estas escuelas y sus múltiples excesos, filósofos antiguos como Platón y modernos como Spinoza, Nietzsche y Henri Bergson apuntaron más allá de la razón y los sentidos, a formas intuitivas y más elevadas del conocimiento. Grandes psicólogos (Gordon Allport, Abraham Maslow, Carl Jung y Jerome Bruner) reconocieron también su importancia (Idem, 20).

Según el Diccionario Esencial de la RAE (2006), «intuición es la facultad de comprender las cosas instantáneamente, sin necesidad de razonamiento» (primer significado), es decir, la capacidad instintiva para elegir nuestro camino. Cuando ella ancla en patrones emocionales sanos y acordes con nuestros modos de ser y sentir, es guía segura.

En cambio, si nuestra emocionalidad está cargada de normas inflexibles, en vez de la intuición natural, hacemos de ella una estructura rígida de habituación y etiquetado (Punset, 2015-218). Muchas actitudes impiden la intuición: malos hábitos y patrones de pensamiento negativos adquiridos en la infancia y resumibles en frases como «no puedo resolver este problema» o «nunca encontraré la respuesta». El antropólogo Ashley Montagu llamó *psicoesclerosis* a la rigidez mental que ahoga la intuición, en especial en su función creativa (Goldberg, 1991-178).

La intuición puede ser descubridora o generadora / creativa. Sus procedimientos son similares y suelen aparecer juntas. Por ser tan importante, *la educación emocional se pregunta de qué manera es posible recuperarla o poder contar habitualmente con ella.* Cierto mito urbano atribuye esta función solamente a los artistas y a las mujeres. *Pero todo cerebro humano la posee como facultad y, como ocurre con toda capacidad, se expande más mientras más se la ejercita.* Aunque es cierto que algunas personas la poseen más desarrollada, y también que las mujeres suelen ser más intuitivas que los varones. Existen dos instancias a las que se puede apelar para ayudarla a emerger y fortalecerse: el *juego* (opción imaginativa para que la seriedad de la vida no nos torne sombríos), según Goldberg (Idem); y la *autoescucha* (con disminución del ritmo habitual, para detectar nuestras necesidades y prioridades reales), según Elsa Punset (2015-218). En mi experiencia personal, callar la mente me ayuda a percibir los dictados de mi intuición. Puede ser con la meditación o en un simple silencio, lejos de la necesidad de estar resolviendo las cosas diarias...

La intuición, complejísimo proceso de ida y vuelta entre corazón y cabeza, entre instinto y experiencia, es componente fundamental de la inteligencia emocional y, sin duda, uno de los contenidos a estudiar y desarrollar en EE.

Resiliencia: éste es un término usual en metalurgia, física e ingeniería civil, y alude a la capacidad de ciertos materiales para recobrar su forma original luego de haber sufrido una presión deformadora. Fue acuñado para las Ciencias Sociales en Estados Unidos por la investigadora alemana-americana Emma Elizabeth Werner, quien en 1955 realizó un experimento con 698 niños en Kauai (Hawaii), siguiéndolos hasta los 40 años (https://es.scribd.com/doc/37247630/Resiliencia-concepto-y-orígenes. Visita de fecha 26-03-19). En definitiva, se trata de la capacidad de personas, familias y comunidades que sufren conmociones, pruebas y rupturas, las superan y siguen viviendo, a menudo en un nivel superior, «como si el trauma sufrido y asumido hubiera desarrollado en ellos, *a veces revelado incluso*, recursos latentes y aún insospechados» (Michel Manciaux, cit. por Punset, 2015-224; la cursiva me pertenece). Lo específico de la resiliencia es que, sin ella, en general, la mayoría de las personas que vivieron dichas experiencias, se hubieran vuelto desconfiadas y resentidas, hubieran enfermado o quedado traumatizadas. *Hoy no se duda sobre su calidad de relevante elemento de la IE.* Al principio no fue así; se creía que los resilientes respondían a una actitud patológica, carente de empatía (psicológicamente enfermos). Se comprobó, en cambio, que pueden lidiar, con templanza, con los elementos estresantes, controlando sus reacciones instintivas de miedo: «[l]a resiliencia puede considerarse una forma de *autocontrol creativo* porque implica coraje para superar la adversidad y el sufrimiento *sin renunciar a convivir con las emociones de forma intensa y libre*» (Idem, 225; mi cursiva). Piensan los investigadores que las personas resilientes confían en que puede irles siempre mejor y no temen arriesgarse a sufrir; ello, puesto que son receptivos a los cambios y tienen la sensación de que pueden controlar lo que les acaece. Además, suelen destacarse por su sentido del compromiso, madurez emocional, buen nivel de autocontrol y el deseo y capacidad de afrontar los desafíos -aún negativos-, pues los perciben como parte natural de la vida y como fuente de aprendizaje y transformación (Idem). Ciertas personas nacen con alta dosis de resiliencia, aunque también creo que puede desarrollársela con EE.

El amor como categoría epistemológica

En estas líneas quedó sugerido de qué manera el mundo emocional humano posee estatuto suficiente como para considerar que existe una **razón afectiva**, allende las razones lógica, procedimental y otras que la modernidad legó a las ciencias sociales. Razón afectiva que diverge de la hegemónica razón moderna. Por eso quiero hablar del estatuto filosófico del amor (que es el afecto mayor que existe). Haré una primera aproximación al concepto de *categoría epistemológica*. *Categoría*, en la lógica aristotélica, era cada una de las siguientes diez nociones abstractas y generales: sustancia, cantidad, calidad, relación, acción, pasión, lugar, tiempo, situación y hábito (www.e-torredebabel.com/Enciclopedia/Hispano-Americana/ v4/ categoria-filosofia-D-E-H-A.html. Visitada el 15-03-18). A partir de allí, en general cada filósofo agregó las suyas, o las reemplazó. En algún momento el término pasó al lenguaje ordinario, «designando idea general, o lo superior que se concibe en los objetos» (Idem). Me basta y sobra, aquí/ahora, con el concepto de *noción o idea general y abstracta*.

A su vez, *epistemología* deriva de las palabras griegas *episteme* y *logos*, y se la define como estudio del conocimiento. Es la disciplina que estudia la naturaleza, el origen, la estructura, la validez y las limitaciones del conocimiento.

En consecuencia, al llamar *categoría epistemológica* al *amor*, se le está dando el lugar que dentro de la ciencia le cabe, sin arrastrar las críticas que se ha hecho a los estudios o textos donde el amor es nombrado. Inés Dussel, hablando del amor pedagógico (es decir, dentro de la enseñanza), dice: «Hablar del amor se hace difícil. Incluso Paul Ricoeur, raramente catalogado como un pensador superficial, se ve obligado a aclarar que hablar del amor le resulta complicado, pues teme que lo acusen de sentimentalista [...]. Convocar a los afectos y las emociones suele estar asociado a meterse en 'aguas pantanosas', sobre todo en el ámbito pedagógico y *el de las ciencias sociales*, donde enunciar palabras amorosas suele sentirse como una salida banal o como una especie de coartada para no hablar de 'cosas serias'» (Dussel en Frigerio y Diker, 2011-145; mi cursiva). Agrega: «El 'amor' es objeto de sospecha, de alabanza acrítica o bien de domesticación tecnocrática -vía del concepto de *inteligencia emocional*-, pero hay pocas reflexiones en estas nuevas líneas que vienen surgiendo en la teoría social. Asociado al espiritualismo y al irracionalismo, el amor fue, sobre todo, motivo de desconfianza para las pedagogías de la postdictadura argentina, que vieron en los discursos 'afectivos' una excusa para no enseñar o para seguir sosteniendo una escuela 'vacía'» (Idem, 145/146; cursiva de mi cuño).

Es posible que al amor se lo haya esgrimido con banalidad, que no significara realmente nada. Pero es también verdad que grandes autores han reflexionado sobre él: incluso aquí se está hablando del asunto y se lo hace desde la mayor seriedad. La psicología lo trabaja y se ha aprendido mucho sobre él. Recuérdese el psicoanálisis de la ternura de Ulloa: la ternura nutricia para un niño, con sus tres suministros, sólo puede brotar del amor. Además, ¿por qué reír, si el amor es constituyente de lo humano (Maturana)? La medicina ha comenzado a reconocer «que *el donarse a sí mismo a través del amor*, de la creatividad o del altruismo es un movilizador para crear salud» (Maruso, 2013-179; mi cursiva). El fisiólogo húngaro Hans Selye consideraba que «la ayuda a los demás actúa como una protección. No sólo la acción misma de servicio es beneficiosa, sino también sus resultados, como la gratitud, el *afecto* y el calor humano que genera dicha acción» (Idem; la cursiva me pertenece). Una acción amorosa es estímulo para la producción de endorfinas, que cumplen el papel de tranquilizar el cerebro. También se investigó que «las buenas acciones benefician al sistema inmunológico, el cual está íntimamente ligado a la mente» (Idem).

Cuando hablo del *amor como categoría científica en las ciencias sociales y humanas*, entiendo estar ampliando su rango, al incluir a todas las emociones y sentimientos llamados *positivos*, como la alegría, la felicidad, la bondad... Candace Pert, postulada al Nobel de Medicina por descubrir los neuropéptidos (receptores de mensajes químicos que intervienen en comunicar las emociones), cree que la *felicidad* no es reactiva sino un estado humano endógeno; es lo que se siente cuando los elementos bioquímicos -neuropéptidos y sus receptores- están abiertos y fluyendo con libertad por la red psicosomática, e integrando y coordinando los sistemas, órganos y células del cuerpo (Idem, 46 y 48). Al hablar de cuerpo, se entiende incluida la totalidad de la persona, es decir su mente y su mundo emocional. Afirma Maruso, discípula de Elizabeth Kübler Ross, que hace pocos años vio la luz la psico-neuro-endocrino-inmunología (PNEI), verdadero paradigma de la medicina del futuro: estudia la relación entre la psiquis, el sistema nervioso, el sistema inmune y el sistema endócrino (Idem, 37). ***Tal como se observa, parece insuficiente dar al amor categoría científica sólo en las ciencias humanas y sociales; deviene obligatorio aplicar esa noción también en la medicina.*** Traigo a colación que en alguna cátedra se está estudiando la *alegremia:* «La medicina llamada moderna o científica utiliza la terminación «emia» para referirse a valores de diversas sustancias contenidas en la sangre. Hay un concepto estadístico de la «normalidad» que resulta de la distribución de frecuencias de una medida. Lo que se desvía de esa «normalidad» es enfermedad. / «Alegremia» se refiere a la salud percibida por la alegría que circula en nuestra sangre. Este concepto se postula desde un paradigma nuevo que trata de incluirnos como

142

partícipes del cuidado de nuestra salud y las determinaciones y condiciones que en ella influyen. Este es el *paradigma biocéntrico que incluye al hombre como un constituyente más de la naturaleza*» (Experiencias Argentinas Alegremia en la Facultad de Medicina de Rosario, Última actualización: 12/06/2009. ¿ALEGREMIA en la facultad? Materia: Salud Socioambiental. Integrantes: Avena, Gustavo; Ramírez, Víctor; Rodríguez, María Soledad; Salandri, Nicolás, nuestra cursiva: (www.altaalegremia.com.ar/contenidos/alegremia_Facultad_Medicina_Rosario.html. Visita de fecha 27-02-18).

Volviendo a Inés Dussel, ella observa que el **miedo**, eterno compañero del hombre, ha tomado en las últimas décadas un lugar preocupante en la estructuración de las relaciones humanas. Se mira al otro como peligro o amenaza; entonces, ¿dónde quedan las experiencias con los otros que enriquecen y alimentan al ser humano? ¿Dónde quedan la esperanza y la confianza en que la incertidumbre también puede ser portadora de cosas buenas que no previmos? «En este punto, sería bueno juntar el cuidado con el amor. Nos parece necesario volver a enunciar la palabra 'amor' en el espacio de las pedagogías de la diferencia, democráticas y pluralistas, no cargada de 'tintas rosas', como sucede en los libros de autoayuda...» (Dussel en Frigerio & Diker, 2011-154). Y a la vez, aunque el lenguaje de la justicia es central en las reflexiones pedagógicas sobre las injusticias y la desigualdad, «también es importante empezar a hablar algún lenguaje del amor [...], donde la 'calidad ciudadana', los discursos de los deberes y los derechos no alcanzan del todo, porque se juegan otras cosas: la dependencia mutua, lo irracional, la risa, el llanto, el estómago, el placer, en fin: las pasiones menos gobernables, pero más poderosas. Pensar juntos al amor y la justicia nos parece un desafío fundamental de la educación de hoy, para recuperar la capacidad de dejar huella, de volver a enlazar la palabra y la emoción» (Idem, 156; las últimas palabras me traen reminiscencias de Maturana).

Hablando del amor en pedagogía, se ha dicho que no interesa la historia ni los relatos de las transformaciones que el «objeto amor» sufrió en el tiempo, tanto en su empeiricidad como en sus representaciones: «Nos situamos más bien en la perspectiva de una historia genealógica interesada en sacar a la luz *las condiciones en que esa experiencia inconmensurable ha podido ser convertida, en contextos culturales singulares, **en un objeto de saber y de poder**»* (Saldarriaga Vélez en Frigerio & Diker, 2011-45). He destacado aquí los conceptos que entiendo ligados a la perspectiva decolonial en que sumergí este trabajo de DDHH y educación. Así, *uniendo la razón afectiva y el amor como categoría de conocimiento*, es dable esperar que se pueda descabezar a la Hydra de tres cabezas de que habla Castro-Gómez: colonialidad del ser, del saber y del poder. Es decir, corrernos del racionalismo cartesiano. Con la esperanza de reintegrar y reconstruir el conocimiento de lo humano, sin perder por el camino ninguno de los pedazos en que la modernidad dividiera al hombre.

Educación / alfabetización emocional

Dice Goleman que escuchó por primera vez la expresión *alfabetización emocional* de boca de Eileen Rockefeller Growald, fundadora y por entonces presidente del Instituto para el Progreso de la Salud. Esa charla casual despertó su interés en el tema y en las investigaciones para su obra «*Emotional Intelligence*» (Goleman, 1996-11). Leí a Goleman en octubre de 1996; seis años después descubrí a Freire y su «método de concienciación», del cual él mismo afirma que nació como «método de *alfabetización*. La cultura letrada no es una invención caprichosa del espíritu; surge en el momento en que la cultura, como reflexión de sí misma, consigue *decirse* a sí misma, de manera definida, clara y permanente. La cultura marca la aparición del hombre en el largo proceso de la evolución cósmica. [...] *Alfabetizarse* es aprender a leer esa palabra escrita en que la cultura se dice, y diciéndose críticamente, deja de ser repetición intemporal de lo que pasó,

144

para temporalizarse, para concienciar su temporalidad constituyente [...], *alfabetizarse no es aprender a repetir palabras, sino a decir **su** palabra, creadora de cultura*» (Freire, 2010 a-22; todo lo destacado me pertenece).

Si bien esta conceptualización freireana se refiere a la adquisición de la palabra y la cultura en general, me tocó profundamente y, en su momento, *la tomé para aplicar al aprendizaje de las emociones.* Alfabetizar, en tanto «enseñar a leer y escribir» (DRAE 1992, segundo significado), plantea como posible «enseñar a las personas a conocerse a sí mismas y a conocer a los demás, aprendiendo a *leer* en los rostros, cuerpos y conductas los verdaderos sentimientos y emociones que dirigen la vida humana, y a *escribir* con el autodominio, la empatía y el respeto por el otro, una nueva historia individual y relacional. Por ende, social» (Herrero, 2003-12; resaltado en el original).

En enero de 2018, a su vez, intentando encontrar un posible nuevo significado para la palabra, encontré en Google una definición de *alfabetización* a solas (sin referencia a lo emocional), que se trae aquí porque pareciera que en ella convergen varias líneas de trabajo abordadas en este libro: «Alfabetización es uno de los <u>derechos humanos</u> fundamentales por excelencia, base del <u>aprendizaje</u> del niño y del adulto, *con potestad para transformar sus vidas.* La alfabetización va más allá de enseñar a leer y escribir: es el paso inicial en la conquista del <u>derecho</u> a la <u>educación</u>, la toma de <u>conciencia</u> y participación en la construcción democrática» (quesignificado.com/alfabetización; los subrayados son originales; la cursiva, mía). Lamento desconocer el nombre de su autor pues la comparto plenamente, y entiendo que toca temas relativos a la habilidad emocional: tomar conciencia, educarse, transformar la vida y construir la democracia.

En proporción geométricamente creciente, los medios de comunicación nos ponen en contacto cada día con noticias sobre la desintegración de la cortesía, la seguridad y la solidaridad; tenemos muy claro que, cada vez más, las emociones nuestras y las de quienes nos rodean están fuera de control. En los 70 aún no se había planteado la psicología un estudio serio acerca de las emociones y sabía poco y nada sobre sus mecanismos. Las últimas décadas, sin embargo, han producido un dichoso avance respecto del abordaje científico de las mismas; ello habilita a decir que «esta corriente de datos neurobiológicos nos permite comprender más claramente que nunca cómo los centros de emoción del cerebro nos provocan ira o llanto, y cómo partes más primitivas del mismo, que nos mueven a hacer la guerra y también el amor, están canalizadas para bien o para mal. Esta claridad sin precedentes con respecto al funcionamiento de las emociones y sus fallos revela algunos nuevos remedios para nuestras crisis emocionales colectivas» (Goleman, 1996-15). Observemos el panorama de nuestro mundo: hechos inéditos de violencia en el fútbol, en las calles (asaltos, asesinatos, violaciones), en las escuelas y familias; la pederastia enseñoreada de un montón de espacios; la guerra de Irak o la que esté de moda en un momento determinado en la cruzada contra el terror internacional liderada por Estados Unidos; el egoísmo y la falta de honestidad de los gobernantes, que mientras por un lado proclaman en la pauta publicitaria las maravillosas obras que hacen, el superávit de la balanza comercial y de la recaudación impositiva, y la caída del índice de desempleo, ni siquiera dan una explicación ni una mirada a la muerte por desnutrición en la niñez pero también en la ancianidad, o no se ocupan, definitivamente, de proteger a los más débiles, empezando por los niños, los enfermos y los jubilados... ¿Será que todo esto no tiene remedio? ¿Cómo se hace para transformar la historia inhumana?

Estudios de campo relativos a las emociones han demostrado (se habla de las más prestigiosas universidades del país del Norte) que existe íntima relación entre sentimiento, carácter y moralidad. «Las posturas éticas fundamentales en la vida surgen de capacidades emocionales subyacentes» (Goleman, 1996-16). La emoción se vehiculiza a través del impulso, el cual sólo puede expresarse en la acción. Si una persona queda a merced de ellos y carece de capacidad para guiarlos, en realidad padece de lo que da en llamarse una deficiencia moral, pues el control personal de los impulsos es la base del carácter y de la voluntad. La ética representa nuestra segunda piel, una *forja del carácter,* consistente en «la paulatina apropiación de una *segunda naturaleza,* que tenemos que ir haciendo inteligentemente, si queremos vivir mejor»; éste es el pensamiento prevaleciente según la tradición española desde José Ortega y Gasset hasta José Luis López Aranguren, pasando por Xavier Zubiri (Cortina, 1994-18/19). A su vez, quien es hábil para interpretar las emociones ajenas posee empatía, característica que sustenta el altruismo, virtud o hábito opuesto al egoísmo. *Pues sólo cuando se percibe intensamente la desesperación del **otro**, o sus necesidades, se puede sentir 'preocupación' por ese **otro** y la necesidad de 'ocuparse' de él.*

Es factible 'inventar' un mundo más acogedor, y **creo, como muchas personas,** que esto es posible a partir de la alfabetización o educación emocional, pues existen formas de poner inteligencia a las emociones, formas que se pueden aprender.

Condicionamiento: ego, ego colectivo. Des-aprendizaje y reaprendizaje

Una materia como EE en la escuela primaria significa apostar a que pequeños y pequeñas aprenderán cosas sobre su mundo emocional. Empero, los niños y las niñas no son una *tabula rasa* a la edad de escolarizarse y llegan con su propio bagaje de conductas y actitudes al primer día de clases en primer grado. Muchos, con historias de negligencia emocional adulta y hasta maltrato físico y/o abusos sexuales reiterados. Frente a ello se tiene la impresión de que educarse emocionalmente tendrá que ver más con desaprender / reaprender que con sólo aprender. «Alfabetizar nuestro campo sentimental pasa por *reaprender*, es decir, incorporar

147

nuevos patrones y programas en nuestra mente» (Herrero, 2003-27; cursiva original).

Los humanos vivimos condicionados por distintas causas; el condicionamiento opera como jaula, habitáculo mental que impide siquiera imaginar un paisaje diferente al percibido desde allí. Esto se explica porque poseemos gran capacidad de adaptación a las propias restricciones y no tenemos conciencia de ello. Nos condicionan el entorno físico, nuestros patrones emocionales y las estructuras sociales que nos rodean. «El condicionamiento suele consolidarse al ver a los demás vivir: nos empapamos de sus costumbres y de sus acciones inconscientes» (Punset, 2015-231). Creo advertir por aquí la brisa de las neuronas-espejo... Si bien esta situación tiene utilidad a la hora de vivir en sociedad o trabajar en equipo, puede convertirse en obstáculo para la resolución de problemas. Nos condiciona el miedo al cambio y a lo desconocido. Ya adultos, acumulamos prejuicios que también nos atan, donde destacan recuerdos dolorosos asociados al miedo a sufrir, y la presión social que puede denominarse *ego colectivo*. *El miedo es clave para el condicionamiento*, pues nos brinda cierta seguridad. Los cambios de circunstancias suelen provocar reacciones automáticas de miedo: el «atajo emocional del miedo es difícil de reprimir, sobre todo cuando los marcadores somáticos -es decir, el repertorio de recursos emocionales a lo largo de la vida- están programados con una carga innecesaria de emociones negativas» (Idem, 232). Punset cita a la escritora Carol Anthony cuando describe el *ego* (nuestro ego) como un conjunto de imágenes sobre nosotros mismos, que elegimos para ser menos vulnerables ante los demás. Por ello, «no deja de ser un papel, un rol que representamos a diario. *El ego resulta tan convincente porque lo sostiene toda una estructura social*» (Punset, 2015-239; mi resaltado). El ego, que Jung considera un desprendimiento del Self, producido durante las etapas del desarrollo del ser humano, estructura nuestra personalidad, genuina máscara que usamos para relacionarnos socialmente.

Durante las experiencias de fracaso o conmoción, el ego entra en conflicto con nuestra verdad individual y se tambalean sus cimientos, pacientemente construidos a lo largo de toda la vida. Anthony evalúa que la sociedad en que vivimos devuelve aprobación y reconocimientos si hemos forjado una personalidad social y nos identificamos con ella. «A medida que encajamos en el orden establecido, nos convertimos en parte del *ego colectivo*» (Carol Anthony en Punset, 2015-239; cursiva no original). Por eso, «el ego colectivo capta instintivamente qué individuos no encajan en el sistema» (Idem, 240). Según Eckhart Tolle, «[e]l ego colectivo suele ser más inconsciente que los individuos que componen ese ego»(https://www.youtube.com/watch?v=b38EN7 LrNnY. Visita del 04-03-2020). Porque, en realidad, está conformado por aquellos hombres-masa que tan bien describiera Ortega y Gasset en su famosa obra. Es necesario no quedar atrapados/as en esas redes, para no convertirnos en hombres-masa, cómodos en su área habitual de confort.

Desprenderse del ego colectivo implica desaprender y reaprender, instancias caras a la Educación Emocional. Será interesante trabajar estas cuestiones desde la escolarización primaria. La idea es que la persona pueda llegar a desprenderse de los mandatos colectivos (familiares y sociales) que la encierran, quitándole la libertad de pensar y de actuar.

Lo hasta ahora expuesto habilita la esperanza de que, con trabajo serio y sostenido, basado en el conocimiento de cómo funcionamos, es posible cambiar cosas. Treinta años atrás, el futurólogo Alvin Toffler vaticinó que en nuestros tiempos (y en los que sobrevengan) el analfabetismo no será la falta de capacidad de leer sino la *incapacidad de aprender, desaprender y volver a aprender*. La conclusión también es válida para nuestro tema. En su «Autobiografía», Bertrand Russell rescata el que llama único hábito de pensamiento valioso que aprendió en la universidad: la *honestidad intelectual*. Según Punset, este hábito es imprescindible para el desarrollo intelectual y emocional de la gente; consiste en la capacidad de cuestionar cada *a priori*, mirar críticamente y no perder la objetividad, ser capaz de escuchar y analizar todas las facetas de una experiencia, aprender y desaprender (Punset, 2015-229). *Desaprender* nos deja un espacio vacío que volveremos a llenar con un nuevo conocimiento, probablemente más acertado. Y esto será una cadena interminable. Quien así toma su vida habitualmente, acaba adquiriendo la capacidad de escuchar a su corazón y a su intuición, pudiendo apartarse de los dictados de los otros y sus verdades. *Enseñar desde la niñez esta capacidad crítica puede conducir a los niños a no verse arrastrados por los estereotipos instalados en todas las capas de la sociedad, que constituyen el inconsciente social* (en palabras de Erich Fromm). Desaprender es desprogramar la mente. Así se podrá *reaprender*, volver a aprender. Cuando esto pasa, el cerebro y la mente se reequilibran, pues en la naturaleza todo tiende al equilibrio, en especial cuando hay cambios: «podemos tender al *reequilibrio instintivo*, buscando siempre la visión de conjunto. *El cerebro está preparado para ello*, dada su gran plasticidad. Esta mentalidad 'natural' permite además aprehender el lado positivo de los cambios» (Punset, 2015-241/242; mi cursiva).

Puede que *desaprender* conlleve dolor y dificultad pues nos saca de la zona de certeza y comodidad. Pero la existencia no es lineal y estable; está jalonada por hechos y crisis que marcan ciclos y tramos vitales. El des-aprendizaje es un proceso, igual que el reaprendizaje. Por ello conviene afrontarlo sin saltear etapas: así, casi sin advertirlo, estaremos reaprendiendo, para nuestro bien.

CAPÍTULO VII
MÁS SOBRE INTELIGENCIA EMOCIONAL
(IE)- III

Emociones y sentimientos básicos

Las emociones son parte de nuestro funcionamiento cerebral y cada una cuenta con su propio «programa neurológico». Cuando se toma conciencia de ellas, se las convierte en un sentimiento. A partir de Darwin y Ekman, hoy se acepta que tanto las emociones básicas como sus expresiones faciales son naturales, no aprendidas. *Son el miedo, la ira, la alegría, la tristeza, el asco y la sorpresa.* Por ser patrimonio común de los seres humanos, cuando vemos un rostro que refleja alguna de ellas, la decodificamos porque también la tenemos y sentimos. Y existe una séptima emoción o estado anímico, el *desprecio*, el cual para algunos investigadores no es básico porque requiere de cierto componente cognitivo y consciente (López Rosetti, 2017-64).

Como *sentimientos básicos* pueden ser nombrados *la culpa, la vergüenza, el odio, la envidia, los celos y la fe.* En cada ser humano hay sitio para toda emoción y sentimiento. El más angelical en algún momento puede sentir odio, envidia, y hasta el más abyecto puede albergar sentimientos positivos. Por razones de espacio no entraré en la interesantísima descripción de cada uno / a, pese a que algunos de ellos marcaron y marcan indeleblemente a las personas y, en consecuencia, los imaginarios socioculturales. Sí será necesario que su estudio en particular se incluya entre los contenidos de la materia EE.

Cuando se habla de *aféctividad*, se lo hace sobre *el mundo afectivo o emocional*, comprendiendo las que suelen llamarse emociones positivas y negativas (o placenteras y displacenteras -Pellitteri-, aun cuando yo me pregunto si sentir odio o resentimiento, por ejemplo, genera un mero displacer o una verdadera tormenta de sentimientos insoportables para ambas personas). López Rosetti se pregunta por las *funciones* que cumplen las emociones, ya que el haber estado desde el principio de la evolución (en todos los animales, también en el humano), fue por algún motivo, que hoy la psicología y la neurociencia tienen por cierto. Dichas funciones son la *adaptativa*, que consiste en poder cuidarse, preservarse y no sufrir; la *social*, promotora de las relaciones interpersonales, y la *motivacional*, que impulsa a la acción y orienta los comportamientos a la búsqueda de satis- facer las necesidades (Idem-39).

Por su multidimensionalidad, se torna difícil definir las emociones. Ello puede observarse en los tres *modos de reacción* que conjuntamente se producen cada vez que una emoción se hace presente: *una reacción física o fisiológica*, otra *conductual o expresiva*, y una tercera, *subjetiva o cognitiva*. La primera se dispara en el cuerpo, donde los sistemas actúan de manera complejísima (se siente, según la emoción, taquicardia, palpitaciones, aceleración respiratoria, suba de la presión, sudoración, u otras). La *reacción conductual* genera en el rostro la expresión pertinente a la emoción que se está sintiendo y, al mismo tiempo, la *reacción cognitiva* permite tener una *experiencia vivencial* o *vivencia*, darse cuenta de lo que se está sintiendo (Idem, 36). Siendo claro que los afectos aparecen y *nos informan*, lo importante es siempre saber *qué debemos hacer cuando se presentan y cómo gestionarlos o administrarlos*. «La represión de los afectos o el intento de ceñir nuestro mundo emocional sólo a las emociones que consideramos aceptables, simulando que los demás no existen, sólo nos lleva al fracaso. Pero esto tampoco significa que debamos quedarnos atascados en ellos. Es necesario detectar qué sentimos, traducirlo bien, y dejar que los afectos fluyan, canalizándolos adecuadamente. La energía no debe bloquearse, necesita fluir» (Soler & Conangla, 2007-79/80). De este modo, asociamos emoción con energía: *las emociones son energías.* Lo dicho representa la ***ley ecológica de diversidad y riqueza de afectos*** (Idem, 77).

Siendo gregario el ser humano, se encuentra en permanente interrelación con su entorno, lanzando mensajes emocionales (que piden ternura, amor, comprensión, alejamiento, o transmiten angustia y necesidad de cercanía), los que no siempre llegan a sus destinatarios y que, muchas veces, son captados por terceros. Lo cierto es que somos mutuamente interdependientes: esa es la *ley ecológica de la interdependencia afectiva* (Idem, 83). Una vez más puede observarse, desde la perspectiva emocional, cuán cierta era aquella idea del psicoanálisis, que considera al *otro* como un espejo que nos ayuda a constituirnos como individuos. Creo que aquí es conveniente recordar al psicoanalista y psiquiatra suizo Carl Gustav Jung (1875/1961), creador de la Psicología Analítica, quien sistematizó la teoría de los arquetipos y el inconsciente colectivo, siendo fundamental en su obra el concepto de *sombra* (lo mencioné como al pasar, al hablar de Corrupción en el Capítulo VI). La Sombra es un arquetipo que mora en nuestro inconsciente, es decir que no tenemos conocimiento de ella ni de todos sus contenidos, pues los tenemos ocultos. Contenidos que anclaron allí gracias al impacto de alguna antigua emoción, en forma no consciente. Y así, cuando un individuo o grupo de ellos nos molesta mucho, nos saca de casillas, en verdad nuestra psiquis está llevando a cabo un mecanismo de *proyección*. Esto significa que nuestro inconsciente está proyectando hacia nuestra realidad exterior algún aspecto oscuro que poseemos, ignorándolo. Una vez que conocemos este modo de actuar de nuestra mente emocional, podemos advertir que el prójimo que nos hizo reaccionar en forma negativa y desproporcionada nos está ayudando a conocer cómo somos en verdad. También corresponde decir que a veces proyectamos partes nuestras ocultas pero positivas. Eso pasa cada vez que encontramos a una persona o grupo que admiramos. Ellos también están mostrándonos partes nuestras ocultas y buenas que desconocemos poseer. Esas partes conforman un genuino campo de potencialidades que podemos intentar desarrollar.

Por fin, más allá de estas proyecciones, habitualmente nos cruzamos con todo tipo de personas, cuyos nombres ignoramos y a las que quizás no volvamos a ver, pero con las cuales vamos compartiendo el aire que respiramos y nuestras percepciones inconscientes del entorno que todos formamos. Aquí voy a remitir, a quienes me están leyendo, a las reflexiones que hice sobre la obra de Maturana y Varela, en el Capítulo V, como así también a las que efectuaré en el Capítulo VIII sobre el pensamiento político de Marco Iacoboni. Es decir, aclarando el porqué de estas explicaciones, intento demostrar de qué modo tan profundo y tan impregnado de sentimientos y emociones, los humanos nos necesitamos unos a otros.

Inteligencia espiritual

Aproximadamente desde el tiempo en que comenzó a hablarse de la «Nueva Era», se hizo lo propio con la llamada «Nueva Espiritualidad», y ésta ha llegado a ser un tema de moda, aunque nos preguntamos si se sabe de qué se trata. Howard Gardner, autor de la teoría de las inteligencias múltiples, en algún momento se topó con cierta inteligencia que, al principio, dudó sobre cómo denominar. Una de las posibilidades fue «inteligencia religiosa», aunque prefirió no darla a conocer porque podía entendérsela como discriminatoria. Gardner confirmó *que el* ser humano, de un modo u otro, busca en su vida la trascen*dencia*. Por fin, la llamó «inteligencia espiritual». Interrogado sobre la misma, contestó que para *apoyar* una inteligencia es necesario investigar mucho y la encuesta que había realizado sobre ella le había dejado dudas acerca de si era una inteligencia en toda regla. Y si tuviera que enmarcarla en uno de los ocho criterios científicos en que apoya su división en ocho inteligencias, dijo que lo haría en aquel relativo a la «susceptibilidad de codificación dentro de un sistema de símbolos». El genial psicólogo usa la expresión informalmente e invita a todos a hacerlo de ese modo(blog.tiching.com/howard-gardner-inteligencias multiples/ Visita del 01-08-18). A su vez, Stella Maris Maruso, quien a sus conocimientos científicos suma una actividad constante de aplicación de ellos a tratar de recuperar a personas enfermas (Fundación Salud), le dedica en su obra conceptos más «comprometidos» que los del científico norteamericano. Explica que la inteligencia espiritual es la sabiduría de la conciencia: «Es ella la que nos permite transformar lo ordinario en extraordinario, la que nos conduce a una visión profunda y trascendente de la vida. Es el puente entre el espíritu y la materia, que permite el desarrollo de las virtudes y nos conecta con la totalidad. La espiritualidad no se busca, está aquí mismo en nuestras vidas, en nuestras experiencias y en ningún otro lugar. Se encuentra cerca del corazón, en nuestro sentimiento de humanidad y solidaridad» (Maruso, 2013-111). Dicha inteligencia se nutre de la espiritualidad, la cual es «el Poder que da sentido a Todo» y que debemos desarrollar para ampliar nuestra conciencia y conectarnos con el Campo del Plenum llamado Consciencia (Corbera, 2016-290).

Hasta este punto de mi indagación, emerge la idea de que una inteligencia emocional en desarrollo permanente puede ayudarnos a descubrir la inteligencia espiritual y utilizarla con el fin de encontrar las mejores razones para vivir.

El poder de la afectividad. Centros de recompensa

En el éxito de una persona influye su coeficiente intelectual en una proporción del 20 %, y el otro 80 % se relaciona con la IE -autoconocimiento, motivación, empatía, perseverancia, optimismo, control, etcétera- (Maruso, 2013-105). Afirmo la importancia central del mundo afectivo en la vida humana; cuando emociones y sentimientos negativos quedan librados a su propia suerte, al ser humano no le va bien, y ello a nivel personal -hasta la autodestrucción- y relacional

-conductas de antisocialidad-. Tanto la obra de López Rosetti como la citada de Maruso, la tan popular de Goleman y el libro de Manes / Niro, y los libros de Conangla-Soler y de Punset ya citados, con aval en estudios científicos de larga data, revelan la influencia directa de las emociones en la salud física y mental. Sentimientos y emociones negativos pueden llevar a la muerte, afectando el corazón y el cerebro con infartos y accidentes cerebrovasculares, u otros órganos con cáncer. *La salud mental se ve afectada por la depresión, el estrés crónico y la ansiedad.* Se ha escrito: «la enfermedad está intrínsecamente relacionada con los impactos emocionales. Por eso es tan importante la enseñanza de la gestión emocional y el desarrollo de la inteligencia emocional.» ¿Y la genética, entonces? «La genética es información. Pero es más importante la epigenética, el ambiente donde uno se desarrolla» (Corbera, 2018-141).

Por el contrario, la actitud positiva y optimista, la alegría habitual, las actitudes de aceptación y la *gratitud* pueden lograr un equilibrio saludable e, incluso, la recuperación de la salud. Ciertas remisiones de enfermedades graves -consideradas milagrosas- también se deben a las emociones positivas, entre las cuales se recuerda el buen humor. Ahora bien, lo natural es que cuando en la existencia humana las cosas están en orden, se encuentran «bien», hay tranquilidad, alegría y salud, no se suele ni siquiera caer en cuenta el bienestar en el que se está. En cambio, cuando sufrimos malestar emocional, estados de ánimo negativos y emociones displacenteras, parecemos advertirlo enseguida (Punset, 2015-201).

Y dado que las emociones -de cualquier signo- son contagiosas por la característica cerebral de imitación (que cumplen las neuronas-espejo), el ánimo positivo genera buenas energías sociales en torno de la persona que lo ostenta, y el negativo hace lo propio.

Elsa Punset relata cómo funcionan las emociones positivas y se refiere a los **centros de recompensa del cerebro**. Recuerda que por los años cincuenta el psicólogo James Olds descubrió que ciertas partes arcaicas del cerebro, estimuladas, generaban sensaciones agradables. Un neurocirujano, Heath, experimentó luego colocando electrodos en las áreas de recompensa de algunos pacientes, logrando provocar reacciones de alegría, risa y hasta algo parecido a los orgasmos. Aparentemente, la *corteza prefrontal permite el control de las emociones positivas mediante la **dopamina,** un neurotransmisor vinculado a los centros de recompensa y de placer.* Además, se probó que la gente extrovertida tiende al buen humor, y cuando ríe y bromea con otros, se activa con fuerza su zona prefrontal.

Para estimular los afectos placenteros, en procura de nuestra salud psicofísica, es necesario fomentarlos de manera consciente. Del sistema nervioso autónomo dependen aquéllos en gran parte. Se divide en dos: *sistema simpático, que regula las emociones estresantes*, y *parasimpático*, que hace lo propio con las *sensaciones asociadas a la relajación*. Entonces, se trata de estimular el parasimpático: sirven la meditación, las relaciones amorosas satisfactorias, el ejercicio, el contacto con las mascotas y la *compasión* hacia los demás (Punset, 2015-210). Maruso dedica un capítulo de «Laboratorio del alma» a demostrar que hacer cosas por los demás, con amor y solidaridad, colabora a ello.

En definitiva, dos principios deben cumplirse para una *gestión provechosa de los afectos placenteros* -que activan los centros de recompensa-. Por un lado, el tan nombrado *autoconocimiento*. A ello tiende la propuesta de educar específicamente las emociones de los niños en la escuela primaria. Y el segundo principio: no es posible trabajar las emociones positivas si no llevamos una *vida saludable* -dieta equilibrada, siete/ocho horas diarias de sueño y moderado ejercicio- (Punset, 2015-210). El principio recién expuesto, evidentemente, se encuentra formulado con el purismo teórico que caracteriza a todo/a autor/a. Sin embargo, para tener una alimentación equilibrada, la persona debe haber comprendido determinadas cuestiones que van más allá de la alimentación: diría que anclan en una cosmovisión más espiritualizada, aquella que hoy se denomina 'despertar'. Matías de Stéfano, iniciador de la Fundación Arseyian, dice que, para despertar, nos ayudan una alimentación sana, preferentemente vegetariana, practicar la respiración profunda y el buen humor (suelo escucharlo en los numerosos videos que *Youtube* ofrece). Siempre pensé que las transformaciones individuales tienen que ver con el despertar, con tomar conciencia de quiénes somos. No sólo desde mi religión de nacimiento -soy cristiana- sino por mis encuentros con determinadas personas y lecturas, siempre creí que los seres humanos somos espíritus haciendo una experiencia en esta Tierra, con el fin de aprender y ascender a dimensiones superiores. A evolucionar. Estas ideas ya están en el debate social y en las búsquedas individuales. También estoy convencida, desde 1996 por lo menos, de que el desarrollo de la inteligencia emocional, a través de la pertinente educación, propicia que vayamos despertando, que vayamos comprendiendo la maravilla que es el ser humano, maravilla biológica y espiritual. Según desarrollé en esta obra, lo biológico engloba lo mental y lo emocional. Si pudiéramos despertar a nuestra verdadera esencia espiritual, manejando nuestras emociones para crecer como mujeres y varones, tendríamos esta sociedad más justa que deseamos: mejor aún, una más compasiva y misericordiosa.

El miedo

Existe una emoción cuya mención no deseo soslayar. Se trata del *miedo* y me interesa por varios motivos. He aquí uno: «Quien controla el miedo de la gente, se convierte en el amo de sus almas» (Niccolò Macchiavelli, «Il Principe»).

Dadas la evolución y actual estructura del cerebro, entiendo que en los orígenes fue muy importante para la autopreservación de la especie, ya que el tallo cerebral reacciona con *huida, ataque o paralización* ante las situaciones peligrosas, y las tres reacciones provienen del miedo. Quiero decir, entonces, que el miedo es normal. Dejo de lado aquel que podría denominar *miedo patológico*, adonde una mala gestión del miedo *normal* u otras circunstancias podrían conducir: ése pertenece al dominio de la psicología y la psiquiatría, instancias terapéuticas adonde debería concurrir quien lo experimentara. Cuando lo nombro como emoción humana, en esta obra, es al solo efecto de manifestar que también podemos trabajarlo y educarlo, a fin de evitar que nos produzca malestar emocional o enfermedades. Es importante aprender a reconocer que algunos estados emocionales que a veces nos ganan, son en verdad miedo, porque es frecuente que se disfrace de ira, arrogancia u otras emociones -inclusive egoísmo-.

Lecturas de dos décadas, especialmente mis contactos con la obra «Un Curso de Milagros» (Schucman), me autorizan a mirar el miedo como la contracara del amor y como la base de la corrupción, el materialismo y el afán desmesurado de poder. En efecto, *quien vive con miedo -aunque ignore que es así- tenderá a protegerse, a sí mismo y a sus seres queridos, de cualquier falta o carencia, presente o futura, que perciba.* En ello van encaballadas la desconfianza y la falta de amor a sí mismo, y otra serie de sentimientos posibles que, unidos a la ignorancia de cómo funciona el ser humano en plenitud, generan los desaciertos o errores nombrados. Que ya son nocivos en relación con la persona que lo sufre, pero se agravan cuando existen otros seres, a veces demasiados, que se ven perjudicados por la corrupción. *Mi experiencia indica que primero conviene saber que el miedo es normal y subyacente, por derivar del conocimiento que el humano tiene sobre su mortalidad.* Eso tiñe cada una de sus pérdidas de un sentido similar al de la muerte y de temores que se explican según el concepto dado.

El miedo suele venir de la mano de otros dos sentimientos: apego y culpabilidad. Que lo potencian. El primero responde a la creencia de que vivimos en la escasez de recursos, lo que en el fondo representa miedo a que en algún momento algo falte a los seres queridos y a uno mismo. Ese apegarse, aferrarse -tanto a personas como a cosas-, no pudiendo soltarlas, dejarlas ir, en realidad responde al miedo a enfrentar cualquier carencia: dinero, amor, salud, honor, status social, seguridad, etcétera.

La culpabilidad también se basa en el miedo y ha sido incorporada como fundamental creencia, sobre todo en Occidente, a través de la doctrina cristiana y de los gobiernos y culturas autoritarios. La educación occidental lleva su sello y está tan fundida en nosotros que tomamos decisiones de vida influidos por ella, sin tener la más remota idea de que así es. Ahora bien, lo que se debe lograr con su concientización es que podamos manejarla y no dejar, cuando corresponda, que nos maneje ella. También es imprescindible, sobre todo si pensamos en la educación primaria, mostrar al alumnado que, si bien no hemos de dejarnos torturar por la culpa, cuando cometemos un hecho que causa algún daño a alguien, tenemos que asumir nuestra responsabilidad y reparar el efecto, sea mediante pedido de disculpas u otra acción reparadora.

La *educación del miedo* es productiva tanto para la salud física como para la psíquica. Educar nuestro miedo impone la necesidad de invertir el signo de su energía: a esa energía negativa, convertirla en positiva y aprovecharla para mejores realizaciones. *Asumo que el conocimiento y trabajo del miedo son puntos centrales de la educación emocional, motivo por el cual debería ser incluido como contenido curricular.*

Gestión de los recursos emocionales

Tanto en este apartado cuanto en el que sigue, las reflexiones estarán dirigidas a quienes, en principio, no sufren patologías ligadas a la salud física y/o mental. Si éstas existieran, considero que las opiniones de los profesionales de la salud pertinentes deben ser atendidas antes que cualquiera de estos conceptos.

Cuando reflexionamos con detenimiento sobre nuestros comportamientos, podemos detectar y aprender a conocer qué afectos los disparan. Éstos proporcionan una información valiosa que podemos captar y usar para vivir con equilibrio. Nos permiten tomar conciencia de nuestras relaciones con los demás y de su calidad, plantear nuevos proyectos de vida o modificar el actual. *No elegimos tener emociones y sentimientos; ellos, simplemente, llegan. Una vez que aparecen, debemos y podemos decidir cómo manejarlos, cómo gestionarlos.* En principio, todos los **afectos** (sentimientos y emociones de todo tipo) tienen relevancia en la vida y razón de ser, incluso los socialmente inaceptables, que bien administrados pueden resultarnos útiles. Por eso **lo ideal es conocernos a nosotros mismos.** Este principio («*Nosce te ipsum*»), que heredamos de la sabiduría griega, significa en verdad llegar a saber cómo es nuestro mundo emocional, qué afectos, positivos o no, solemos experimentar y cómo acostumbramos a lidiar con ellos. Porque viven en el inconsciente y saltan por nuestros poros sin permiso. De allí que sea necesario empezar reconociendo en qué se convertirá determinada sensación, en nuestro exterior, cuando aparece internamente. He aquí el primer paso para aprender a administrar nuestros afectos.

Retomemos el concepto de las emociones como *energía* (Soler & Conangla, 2007-77), sin olvidar que nuestro cerebro es una antena bidireccional (Gerula, 1991). Las emociones que sentimos y expresamos, van y vuelven; es por eso que, en general, un buen estado de ánimo puede provocar respuestas positivas de los demás y, uno displacentero o negativo, otras del mismo tenor. He aquí por qué se torna fundamental la inteligencia emocional, pues cuando se habla de educarla, la teoría dice que existe una *ley ecológica de los recursos afectivos*, la cual, partiendo de que la energía no se crea ni destruye, sino que se transforma (hoy sabemos que es así), propone un *principio de aprovechamiento de la energía psicoafectiva*. De ese modo, cuando logramos *educarnos senti-mentalmente* (lo que implicará *desaprender* conductas y *reaprender* conductas nuevas), se espera una suerte de capi-talización de esos recursos que hemos desarrollado. Por ejemplo, deberíamos aprender a no tropezar con la misma piedra de forma continua; en este punto recuerdo alguna vi-deoconferencia de Enric Corbera, cuando se pregunta por qué repetimos situaciones, por qué recaemos en las mismas situaciones una y otra vez (videos en *Youtube*). Einstein afirmó que estamos locos si pretendemos cambios haciendo siempre las mismas cosas. También vienen a mi memoria la canción de Julio Iglesias («tropecé de nuevo con la misma piedra») y el refrán que reza que el burro mete la pata en el agujero una sola vez (¡aprende y no lo vuelve a hacer!).

Hay otros ejemplos importantes y reiterados en la vida de todos nosotros, que pueden significar la gestión prove-chosa de la energía psicoafectiva: ocurren cuando por fin aprendemos a decir «no» y «basta»; cuando somos conscien-tes del momento oportuno para despedirnos de una persona o proyecto; cuando sabemos «tomar» y «soltar» de forma in-teligente y consciente (personas, cosas y planes). En parte, las nuevas conductas se verificarán cuando la persona edu-cada emocionalmente, entre otras cosas, pueda manejar sus culpas y no seguir atrapada por ellas: este aprendizaje sobre la culpa, igual que el relativo al miedo, es una de las metas específicas de la educación emocional, por lo que deberán ser contenidos curriculares de la materia propuesta. No niego que en tales situaciones pueda existir dolor, tristeza o nostalgia -al principio, hasta desesperación-, pero justa-mente por el *control del impulso* y la *postergación de la satis-facción*, unidos a la *tolerancia de la frustración* (pilares que construyen el *autodominio emocional*) es que se puede avan-zar en las necesarias *situaciones de corte* que la vida plantea con cierta frecuencia (las cuales se vivencian como *pérdidas*, lo que se explica porque la idea humana de la muerte está presente en el hombre desde el principio de su existencia),

162

y donde *respetar esa necesidad* significa equilibrar la propia afectividad y generar el propio bienestar -ahorrando enfermedades-.

Conscientes, por ende, *de la importancia de gestionar el complejo, a veces convulso o inabordable mundo afectivo que nos caracteriza*, debemos apelar a conocer el caudal de recursos que tenemos -los recursos, en cualquier ámbito, son escasos- y manejarlos de forma tal que se obtenga buena adaptación al medio, el logro de objetivos de vida y el cultivo de relaciones satisfactorias. Los límites de tales recursos dependerán del modo en que los gestionemos (usando el principio de aprovechamiento), o sea, sin despilfarro (Soler y Conangla, 2007-90). Los autores catalanes ofrecen una serie de pasos para el *proceso de gestión emocional adecuado*: sentir; darnos cuenta de que sentimos; identificar el afecto y asignarle nombre preciso; traducir la información que nos está dando; valorarla; incorporarla en nuestro mapa de situación; si es necesario, pasar a la acción, dejando que ese afecto fluya y dándole una salida no agresiva (Idem, 81). Deseo agregar que cuando hablamos de gestionar un afecto negativo, hablamos sobre reconocer la emoción -ello ocurre cuando llevamos tiempo trabajando de esa manera-, puesto que, al reconocerla, le estamos dando entidad y quitando parte de su carga negativa. Sólo así podemos lograr su mejor manejo para las siguientes ocasiones. Existen numerosas estrategias, saberes y terapias que enseñan a manejar esas partes dolorosas que integran lo que Jung llamó Sombra, y que requieren de ciertos conocimientos para poder integrarlas con resultado positivo.

A su vez, *las emociones se contagian*. Pienso que el fenómeno ocurre por efecto de las neuronas-espejo. Precisamente por ello es importante saber gestionarlas, sean las que llamamos buenas o las que creemos malas. Hace tiempo circuló por *whatsapp* un video que transcurría dentro de un vagón de subte. Un muchacho comenzaba a mirar la pantalla de su celular y de pronto largaba la risa con creciente entusiasmo. En menos de dos minutos tal vez, todos los que iban en ese vagón reían a más y mejor. Eso es contagio emocional. También se conoce que, en las grandes masas de personas, una palabra o frase desequilibrada que se grite, puede generar la reacción más violenta en ese grupo humano. Se dijo: «Nuestro sistema límbico, sede de las emociones, es un sistema abierto y, por lo tanto, condicionado externamente. Por eso nuestra estabilidad emocional depende en buena parte de las relaciones que establecemos con los demás» (Soler y Conangla, 2007-87). Existe la tendencia humana a *sintonizar emocionalmente* con nuestras relaciones, tanto en lo desagradable -ira, pesimismo, mal humor, irritabilidad- cuanto en lo agradable -alegría, armonía, calma, buen humor-; de allí la *necesidad de elegir*, en lo posible, *las relaciones que cultivemos*. «Cuando nos contagiamos de emociones desagradables que aumentan el sufrimiento hablamos de *contaminación emocional*» (Idem, 87; resaltado original). La obra «Gente tóxica» -que leí-, de Bernardo Stamateas, trata precisamente sobre la toxicidad de algunas personas, de las cuales conviene alejarse. El tema da para mucho, porque con posterioridad el mismo autor publicó «Emociones tóxicas» y «Más gente tóxica». Me pregunto: ¿y qué de la persona tóxica, que tiene derecho a ser aceptada y amada? *Pues bien, necesitará educarse emocionalmente, reaprendiendo conductas.* Para dos finalidades: dejar de contaminar la vida emocional de otros, y evitar que las personas se le alejen. *Sin duda, ése es un ancho territorio donde podría funcionar la EE.*

Edgar Morin define al ser humano como el *homo-sapiens-demens*. Vimos ya que la configuración cerebral (e incluso la de todo el cuerpo) genera un doble sistema operativo: uno racional, analítico, reflexivo; el otro, límbico, primitivo y arcaico, siempre en alerta frente a posibles amenazas. El primero es el aspecto *sapiens*; el segundo, el *demens*. Si ante una circunstancia determinada el sistema límbico decide que allí hay peligro o posible sufrimiento, de inmediato provoca un

164

verdadero *secuestro emocional*, desactivando el sistema racional. Allí puede llegarse a tomar decisiones y a protagonizar acciones ni lógicas ni oportunas. Fromm decía que, aunque estemos en la Era Atómica, la mayoría de los hombres aún se encuentra en la Edad del Bronce (Soler y Conangla, 2007-104). Fue Joseph Le Doux -neurólogo de la Universidad de Nueva York- quien en 1986 descubrió el papel clave que juega la *amígdala* en el cerebro emocional, siendo su centro. La amígdala («almendra» en griego) explora permanentemente las señales provenientes de los sentidos, en busca de problemas. Suerte de centinela psicológico, controla cada percepción y, si le parece que hay peligro, reacciona instantáneamente, como si fuera una red de transporte nerviosa, y envía mensajes de crisis a todas las partes del cerebro (Goleman, 1996- 34/35). Suele hablarse de «la» amígdala, pero son dos las que poseemos, cerca del hipocampo.

Si el cerebro límbico funciona de modo automático, queda más claro por qué es indispensable educarlo desde la infancia. *Cuando ésta ya pasó, sólo se puede buscar el reaprendizaje emocional.* Goleman trata a fondo las cuestiones de *estrés postraumático*, que ocurre cuando una o más experiencias de trauma graban el horror en los circuitos límbicos, de tal modo que las personas quedan condicionadas por el temor y son perseguidas, mientras no se curen, por terribles pesadillas. De estas conclusiones me interesa ahora la convicción de que es posible realizar un *reaprendizaje* de cómo gestionar las emociones; éste se da a nivel cortical y no es espontáneo: hay que procurárselo. **La plasticidad cerebral -neuroplasticidad- permite reeducar el cerebro límbico.** Más allá de ello, específicamente respecto del estrés postraumático, por tratarse de un problema que afecta los sistemas neuroquímicos (los desregula), la estructura y la función cerebrales, es decir que requiere de consulta y tratamiento médico, me permito sugerir la lectura de un artículo que nombro en bibliografía y se consigue en internet, de

165

Castro Carboni *et al.*

Estrategias de gestión emocional

Como dije en el acápite precedente, las reflexiones siguientes estarán dirigidas a quienes, en principio, no sufren patologías ligadas a la salud física y/o mental. Si éstas existieran, considero que las opiniones de los profesionales de la salud pertinentes deben ser atendidas antes que cualquiera de estos conceptos.

Aprender a gestionar el mundo emocional requiere entrenamiento (de *coaches* u otros profesionales), tiempo y la voluntad del interesado. Cada vez con mayor frecuencia se ofrecen talleres con esta finalidad, donde se enseñan técnicas y estrategias para reciclar las emociones negativas o peligrosas, transformar su toxicidad y reconvertirlas en mejores afectos. Se insiste en que hacen falta la voluntad del interesado y tiempo de entrenamiento. La gestión incorrecta de la afectividad puede llevarnos a situaciones peores -a veces gravísimas-, tanto personales como sociales. Pienso que en el estudio biológico y psicológico que los alumnos primarios harán en esta materia, encontrarán elementos para aprender a gestionar nutriciamente sus emociones.

Un aspecto interesante y conveniente en relación con la buena gestión de emociones y sentimientos es la posibilidad de *relajar el cerebro*. Aprendí de las ciencias y religiones orientales, en especial del budismo, que la mente es una suerte de mono enloquecido, con una producción diaria aproximada de entre cincuenta y setenta mil pensamientos. De allí, la facilidad de caer en estrés crónico, depresión, o ansiedad y angustia, los grandes males de nuestro tiempo. Desde que se tenga memoria, en aquellos países se ha practicado la *meditación*. A su vez, actualmente se habla de *mindfulness*, voz inglesa que significa *atención plena*. Es posible que mis lectoras y lectores conozcan, también, la obra de Eckart Tolle, «El poder del ahora», que resume claramente las enseñanzas de varias otras corrientes y que consiste en

166

procurar, a cada instante, *vivir en el aquí y ahora*, con plena conciencia de ello. Siendo muy difícil lograrlo, se han formulado distintas técnicas y estrategias para hacerlo posible en la existencia diaria. Estrategias que requieren entrenamiento y práctica constante. En 1989 me inicié en la *meditación trascendental* y, aunque a veces soy improlija, cuando practicándola obtengo cierta paz mental, puedo conectarme mejor con mi *Self*, mi Yo Superior, es decir la parte divina de mi persona -que todos tenemos-, y eso me ayuda a tomar mejores decisiones... aun cuando la decisión para un determinado momento consista en no hacer nada.

Sólo estoy haciendo una referencia al tema, a fin de que los interesados e interesadas se ilustren por internet, donde se ofrecen distintas posibilidades de práctica del *mindfulness*. Transcribo algunos conceptos sobre el tema, robados a la página que cito. Consiste en una filosofía de vida asociada a la práctica de la meditación y a otras técnicas de relajación. «La **meditación** es una actividad intelectual en la que **se busca lograr un estado de atención centralizada en un pensamiento o sentimiento** (felicidad, tranquilidad, armonía), un objeto (una piedra), la concentración propiamente dicha, o algún elemento de la percepción (los latidos del corazón, la respiración, el calor corporal...). Este estado se recrea en el momento presente y pretende liberar la mente de pensamientos nocivos. / Como el Mindfulness tiene tanto que ver con el modo en el que manejamos nuestro foco atencional, **también se lo llama *atención plena*»** (psicologiaymente.com / meditacion/que-es-mindfulness. Destacados originales. Visita realizada el 05-03-2020). Por lo brevemente comentado, pienso que el desarrollo de la IE puede encontrar en el *mindfulness* una magnífica herramienta. Como ya he comentado, existen cada vez más propuestas de conductas y prácticas, y todo tipo de entrenadores y *coaches*. Hace varios años, en Argentina por lo menos desde la recuperación de la democracia, se realizan talleres tendientes a este despertar y mejor vivir de las personas; se ofrecen también cursos para aprender distintas estrategias y técnicas de mejoramiento personal. Por *Youtube* es fácil encontrar una serie de profesionales dictando conferencias y talleres *on line* sobre una gran variedad de estas temáticas, incluido el despertar espiritual. Pues bien, todo ello representa oportunidades para obtener las estrategias de que se habla en el título de este apartado. Y, para seguir siendo sincera, les cuento que, mientras releía esta obra antes de publicarla, comencé un posgrado en Bioneuroemoción®, el método de Enric Corbera, en el Enric Corbera Institute®, que se apoya en una serie de saberes y autores. En esa experiencia me parecieron básicos el ya citado libro «Un Curso de Milagros» y las enseñanzas de Carl Gustav Jung, quien, a decir verdad, me había impactado mucho hace veinte años, al leerlo por primera vez. El método de Enric Corbera, quien forma a acompañantes en Bioneuroemoción®, me parece muy útil para aprender a administrar las propias emociones, en especial cuando trabaja con la sombra jungiana y las proyecciones (enseña a gestionar la Sombra).

Dejé para el último algunas alternativas de manejo de nuestros estados emocionales, que son muy sencillas y que cada cual conoce. Con el tiempo, aprendemos que durante un momento de profundo disgusto o de ira, salir a caminar es importante para que olvidemos la rabia o ésta disminuya su intensidad; intuimos que, si nos ponemos tristes, después de un tiempo prudencial puede servirnos buscar una comedia para reír o una música alegre para bailar y ésas también son formas de mejorar; y, seguro, ya experimentamos el dolor de la muerte de un ser querido, y sabemos que es conveniente dejarnos fluir un tiempo en ese dolor nuevo para reorganizar nuestra vida, incorporando tal falta... Quiero destacar aquí, entonces, que es posible mejorar el estado anímico sin recurrir a métodos profesionalizados.

También entiendo que, como cada ser humano es irrepetible por su historia, a cada uno puede convenirle o resultarle mejor seguir distintos métodos y estrategias de gestión emocional. Ojalá tú encuentres la tuya.

Hago notar que los pensadores que traje a colación en este libro, analizaron el mal como una cuestión *filosófica*, concluyendo que la elección final en cada acto humano es inescrutable. Kant incluso llegó a manifestar que el entorno de la persona determina su elección. Lo que nos trajo el siglo XX, con el descubrimiento freudiano del inconsciente, las investigaciones de Jung y el desarrollo de las neurociencias fue, ni más ni menos, la posibilidad de entender por qué la elección que nos lleva, cada vez, a tomar decisiones, es realmente inescrutable. Por cierto, según he concluido, la respuesta es que el 95 o 97 % de nuestra mente es inconsciente: allí se almacena todo un mundo complejo, impregnado de emociones y sentimientos, que es desconocido para nosotros. Por eso, en general no sabemos a ciencia cierta por qué optamos por algunas decisiones. O sea que, si bien se entiende por qué a la larga nuestra conducta sigue siendo *inescrutable*, no pudimos aún sacarla de esa condición. Las estrategias de que hablo aquí, tienden, de algún modo, a que sepamos interpretar al menos parte de nuestro inconsciente, para dotar de mayor conciencia a nuestros actos. Por ende, creo que lo que supo ser una cuestión filosófica, ha quedado anclada en la biología y las ciencias de la psiquis.

Ontología del conversar: lenguajear y emocionar

En este apartado deseo volver sobre el pensamiento del biólogo chileno Humberto Maturana para resignificar el concepto de *cultura*, ya que la EE está llamada a generar personas más felices y una cultura mejor, más humana. Este científico asigna suma importancia al hecho del entrelazamiento entre lo racional y lo emocional en un espacio que él denomina *conversar, conversaciones*. Analiza que vivimos en una cultura acostumbrada a oponer emoción y razón, cual si fueran dimensiones antagónicas de nuestra psiquis: se cree que lo emocional niega lo racional y que lo humano se define sólo por lo racional (Maturana, 2004-86/87). Se habló antes de cómo la modernidad cartesiana definió lo humano por la razón: ¿habrá sido este *descartar las emociones* el error de Descartes de que habla Damásio? Cuando el neurocientífico portugués introduce a sus lectores en la obra «*Descartes' Error. Emotion, reason, and the human brain*», explica que, en un principio, estudiando su *hipótesis del marcador somático* llegó a afirmar que la emoción podría asistir al proceso de razonamiento, más que perturbarlo (Damásio, 2005-pos. 130); su propuesta final, en cambio, es que el sistema de razonamiento evolucionó como extensión del sistema emocional automático (Idem, pos. 137). Promete revelar el error cartesiano, refirmando que su obra no es filosofía, pues trata sobre mente, cerebro y cuerpo (Idem, pos. 314).

Por otra parte, está probado que cuando se niegan las emociones, se genera sufrimiento en uno mismo o en los demás, sufrimiento que la razón no puede manejar. Es necesario resolver las emociones en conflicto *conversando*. Conversar se origina etimológicamente en el latín, por unión de *cum* (con) y *versare* (dar vueltas). Conversar es «dar vueltas con otro» (Maturana, 2004-86/87). Cuando se da vueltas con otro, cuando se conversa, ¿qué ocurre con las emociones, el lenguaje y la razón? «No es fácil aceptar que lo humano no se da en la interioridad corporal (aunque depende de ella y existe a través de ella) sino en la *dinámica de relación*» (Maturana, 1996-197; el destacado me pertenece): la vida psíquica, mental o espiritual «tiene lugar en el *espacio de relación del organismo*» y para ello se debe comprender la constitución y dinámica de la vida de relación de cualquier ser vivo (Maturana, 1996-197/198; resaltado de mi autoría).

Este autor explica el modo en que el sistema nervioso y nuestra fisiología operan según una dinámica recursiva y relacional que va provocando cambios corporales y conductuales (Idem, 203). Y todas las dimensiones del espacio relacional se viven *en* conversaciones y *como* conversaciones: si hay lenguaje, lo psíquico y lo mental transcurren en el conversar, y entonces *van surgiendo dimensiones relacionales nuevas como lo espiritual, lo ético, lo moral y lo ideológico*; allí

170

se dan el *yo* y la *conciencia* como modos relacionales/conversacionales que constituyen al individuo (Idem, 209). El *emocionar* es un aspecto fundamental de nuestro operar animal y *la existencia humana* se da en el lenguaje y lo racional, *desde lo emocional*; **toda acción humana, en cualquier ámbito que suceda, se funda en lo emocional porque ocurre en un espacio de acciones especificado desde una emoción: también el razonar**. «En otras palabras, todo sistema racional tiene fundamento emocional» (Maturana, 2004-90l).

En efecto, de distintas lecturas a lo largo de los últimos treinta años he recogido una certeza que ya poseen diversos saberes: el auténtico razonar involucra los aspectos emocionales y los aspectos lógicos de la persona; la dirección es emoción →razón.

En el Prefacio de Maturana para la obra «El cáliz y la espada», de Riane Eisler, se lee: «Una cultura es una red de coordinaciones de emociones y acciones en el lenguaje que configura un modo particular de entrelazamiento del actuar y el emocionar de las personas que la viven. [...] «Es por esto que también mantengo que, en un sentido estricto, las culturas como modos de convivir humano en lo que hace lo humano que es el entrelazamiento del *lenguajear* y el emocionar, son *redes de conversaciones*», por lo que «una cultura se transforma en otra cuando cambia la red de conversaciones que la constituye y define» (Maturana en Eisler, 1990-xi; resaltados me pertenecen). «Lenguajear» es un neologismo del biólogo y significa «estar en el lenguaje sin asociar tal acto al habla, como sería con la palabra hablar» (Maturana, 2004-87, nota 3).

La expresión «ontología del conversar» posee parentesco con la de «ontología del lenguaje», acuñada por Rafael Echeverría ya para la primera edición (1994) del libro homónimo. En su bibliografía cita siete obras de Maturana y Maturana/Varela, lo que avala mi interpretación de que ambos espacios ontológicos pueden relacionarse. De hecho, más allá de Nietzsche, Wittgenstein y Heidegger, el autor español considera al biólogo chileno como piedra angular de su interpretación sobre el fenómeno humano, la cual, tras veinticinco siglos de un «programa metafísico», se propone como «ontología del lenguaje». El vocablo «ontología» significa «matriz interpretativa sobre el fenómeno humano». Estima que esta materia ha de situarse en el ámbito de la Ética, porque implica una reflexión sobre la ética de la convivencia humana, en dos direcciones: la temática del sentido de la vida, y la posibilidad de «construcción de nuevas modalidades de convivencia en un mundo globalizado, con una mirada al Otro muy distinta de aquella a la que estábamos acostumbrados» (Echeverría, 2001-13/16).

Propongo pensar una nueva cosmovisión para nuestra época, una nueva ética interpretativa de lo humano y su sentido, y del entorno, relacionada con cierta educación que otorgue importancia a la emocionalidad del individuo y de los grupos. Una ética conversacional, de raíz afectiva.

CAPÍTULO VIII
IMPACTOS POSIBLES DEL DICTADO DE
LA NUEVA MATERIA

«A medida que comienzas a andar fuera del camino,
el camino aparece.»
ANTHONY DE MELLO

Lo hasta aquí expuesto me lleva a considerar probada la idea consistente en sostener que la *educación emocional / sentimental* desde la escuela primaria puede provocar cambios individuales y mejores comportamientos sociales, con impacto en el imaginario social vigente. La acción propuesta consiste en la inclusión de una materia curricular con ese nombre. El Derecho Argentino interno e internacional (tratados de DDHH) y el Derecho Salteño (explícitamente), pueden habilitar, con ciertos ajustes, la materia «Educación Emocional» dentro del currículum de la Escuela Primaria (grados Primero a Séptimo).

Posibles personalidades luego de la alfabetización emocional

Respecto de la existencia de efectos posteriores al aprendizaje propuesto, sugiero focalizar un primer aspecto: «cambios individuales».

Al iniciar esta obra, mi trabajo de campo no pudo incluir la observación de grupos de alumnos primarios *antes, durante y después de la enseñanza de EE*, ya que, por hipótesis, la propuesta es para el futuro. Sin embargo, la cantidad de material consultado sí ofrece comentarios relativos a seguimientos hechos por científicos, en universidades serias y en rigurosas condiciones de laboratorio, respecto de niños y niñas que fueron controlados desde la infancia hasta la adultez o durante un lapso de tiempo significativo, demostrando que cuando poseen determinadas habilidades emocionales -adquiridas en la familia o de nacimiento-, las personas pueden vivir con mayor bienestar personal y relacional, lo cual se refleja en la salud física y mental -entre otras cosas-. De este tipo es la famosa «*prueba del bombón–marshmallow test*» (Mischel, Stanford, que se comentó). Aunque últimamente se la puso en tela de juicio por no haber contemplado ciertas variables, sigo creyendo que sus conclusiones pueden sostenerse. Por otra parte, en conversaciones informales que mantuve en mi desempeño oficial informal, en capacitaciones sobre Alfabetización Emocional (entre 1998 y 2008), las maestras me referían que cuando los temas se enseñaban en el aula, los niños desesperaban por aplicarlos. Recuerdo a la Srta. Laly, de tercer grado de una escuela pública de la ciudad de Salta (2003), quien inauguró en una esquina del aula el «Rincón de los Conflictos». Explicó que pronto aparecieron alumnos del grupo que quisieron ser entrenados como mediadores y cada problema entre los compañeros era llevado al «Rincón» y resuelto con las reglas enseñadas. Otros docentes relataron que la conducta dentro del grado había cambiado en algunas situaciones luego de que se hablara un tema relacionado (problemático) con esa conducta. La Srta. Goldy, que enseñaba ética en séptimo grado de una escuela privada hace 15 o 20 años, recibe de esos alumnos hoy adultos, por las redes sociales, frecuentes recuerdos sobre lo que ella enseñaba acerca de valores.

Respecto de los adultos, en los grupos laborales que me tocó liderar durante la etapa profesional (hasta la actualidad), pude observar los beneficios del respeto, afecto y sostén de la autoestima, lográndose trabajar exitosamente en equipo. En lo personal, hoy no soy el mismo individuo que el de antes de la lectura de Goleman («La inteligencia emocional»). Este descubrimiento *intelectual* de 1996 cambió mi cosmovisión de la realidad, a tal punto que muchas sugerencias y conclusiones vertidas sobre estos renglones se apoyan en experiencias personales. Por fin, existen *datos eviden-*

tes que permiten afirmar que las personas más autocontroladas (es decir, quienes mejor gestionan sus emociones, y no sólo que las controlan reprimiéndolas, lo cual es contraproducente) despliegan mejores comportamientos. En todo caso, es probable que otros (no yo) tengan la suerte de observar esos efectos, una vez que se incorpore «Educación Emocional» como parte del currículum primario. Y por fin, más allá de esto, en general sabemos, porque observamos a nuestro alrededor y muchas veces podemos detectar,que personas provenientes de familias funcionales, que las educaron también en emociones, tienen mejor *performance* social. Para advertir esto, no necesitamos ni un estudio profundo ni lecturas especiales: lo vemos, lo intuimos en nuestra propia cotidianidad. Pero hemos experimentado, asimismo, que también de familias disfuncionales surgen personas emocionalmente centradas. Campea nuevamente, sobre estas realidades, lo inescrutable y complejo de los seres humanos.

Su reflejo en los ámbitos sociales

El diálogo con autores como Goleman, Maruso, Punset, López Rosetti, Manes, Malaisi, Soler y Conangla, y otros, permitió conocer el poder destructivo de las emociones mal gestionadas, desde la antisocialidad de los 'energúmenos' hasta las cuestiones de la propia salud (depresión, estrés, fobias, ansiedad y otras, que causan malestares indefinidos y enfermedades cardiovasculares, cáncer, suicidio, etc.). Los *comportamientos antisociales* son, cuando menos, preocupantes, pues generan distintas alteraciones socialmente contagiosas y, cuando llegan al extremo de lo permisible, aparece el *delito* en todas sus gamas de culpa y dolo. Dicha realidad la he marcado como disparador del trabajo: la sociedad mundial es violenta y Argentina no está exenta de ello. A su vez, las patologías mencionadas representan un problema de *salud pública* -además de personal y familiar-, pues las obras sociales, los agentes del seguro de salud y los garantes de la salud (que en nuestro país son el Estado nacional y los provinciales) deben afrontar tratamientos, a veces prolongados y costosos, de sus afiliados, sin olvidar que un país con gente positiva no es igual que uno donde prevalece el pensamiento negativo.

Entendí que *el entrenamiento emocional adquirido por los estudiantes de primaria debería poder provocar un doble impacto*: el primero, en su hogar (familiar o de acogida) y, luego, en los demás ámbitos donde interactúen. Dos cosas a tener en cuenta: el niño, en su lugar doméstico, será un *divulgador* de los nuevos conocimientos y espero que de allí en más el *boca-a-boca* continúe la divulgación. En segundo término, esos niños crecerán; si se produjo la transmisión enseñanza/aprendizaje emocional, reforzarán su interés por conocer y portarán sus destrezas y conocimientos durante toda la vida. *Lo normal sería que dichas enseñanzas se transmitieran a su vez a sus propios hijos, como educación familiar.* No se puede garantizar nada, pero lo probable será que lo aprendido actúe como la piedra que, al caer en el agua, se hunde produciendo círculos concéntricos. De personalidades más seguras y con autoestima emergerán personas con proyectos de vida y la convicción de poder lograr sus sueños: ello apartará del delito a un buen porcentaje de la población (ojalá que alto). «La educación tiene como fin el mejoramiento del hombre, es un servicio a la persona humana, mientras que la acción social o política tiene como fin el mejoramiento de la sociedad [...]. Claro está que de la educación se siguen consecuencias beneficiosas para la sociedad» (García Hoz, 1981-35). Recordemos las investigaciones de Iacoboni sobre las neuronas-espejo, una de cuyas conclusiones fue que en el ser humano aquéllas cumplen las mismas funciones que en los monos, pero con un papel más crítico aún de la función imitativa, ya que «[l]a imitación es por completo fundamental para nuestra *capacidad exponencialmente mayor de aprender y para transmitir la cultura.* [...] El sistema de las neuronas-espejo parece proyectar de manera interna [los psicoanalistas dirían 'introyectar'] a aquellas otras personas en nuestro propio cerebro» (Iacoboni, 2007-249/250; la cursiva me pertenece). El autor italiano siente simpatía por el existencialismo y lo concibe como optimista y empático/solidario (Idem, 255). Cita al primer pensador existencialista, Sóren Kierkegaard, quien propusiera la idea de que «la existencia cobra sentido sólo a través del compromiso auténtico con lo finito y lo temporal, un compromiso que nos define», para concluir diciendo que, a su criterio, el eco neuronal entre el *yo* y el *otro* que las neuronas-espejo hacen posible, es «la corporeización de tal compromiso» (Iacoboni, 2007-257), porque las neuronas-espejo «demuestran que estamos conectados desde el punto de vista de la empatía, lo que debería inspirarnos para moldear la sociedad y transformarla en un mejor sitio para vivir» (Idem, 258). *Comparto la esperanza y la idea científica y pienso que debe abrirse el debate sobre los descubrimientos neurocientíficos, en tanto fuentes de información para la elaboración de políticas públicas.* **Políticas efectivas contra el desarrollo de la delincuencia, el consumo de drogas y la violencia de género, entre otras (pero las nombradas son urgentes).**

Se adelantó que Damásio prometía explicar por qué uno de sus libros se refería al **error de Descartes**, es decir cuál era -a su criterio- dicho error. Por fin, a partir de la página 247 de su obra homónima, llega a dicha explicación. Considera imprescindible invocar a Descartes como emblema de una colección de ideas sobre el cuerpo, el cerebro y la mente, que de un modo u otro sigue influenciando las ciencias y humanidades occidentales. Por un lado, critica la noción dualista por la cual separa la mente del cerebro y el cuerpo y, a su modo, las variantes actuales de dicha noción: por ejemplo, la idea de que la mente y el cerebro están relacionados pero sólo en el sentido de que la mente es un *software* puesto en el *hardware* de una computadora; o que el cerebro y el cuerpo están relacionados, mas sólo en el sentido de que el primero no puede sobrevivir sin el soporte vital del segundo. «¿Cuál fue, entonces, el error de Descartes?» (Damásio, 2005-247/248). «O mejor aún, *¿cuál* error de Descartes deseo destacar, cruel e ingratamente?» (Idem). Se podría -prosigue- comenzar con una queja, y es que haya podido persuadir a los biólogos a adoptar, hasta estos días, un mecanismo de relojería como modelo de los procesos vitales. Pero quizás esto no sea justo y se podría continuar con «Pienso, luego existo». La declaración, tal vez la más famosa en la historia de la filosofía, tomada en su literalidad ilustra precisamente lo opuesto a lo que el neurocientífico cree que es verdad sobre los orígenes de la mente y la relación entre mente y cuerpo (Idem.). Damásio se pregunta si se trata de una afirmación críptica, aunque acaba convenciéndose de que con «*cogito, ergo sum*» -latino «*Je pense donc je suis*» -francés- quiso decir **precisamente lo que escribió**. Concluye: «**Éste es el error de Descartes**: la abisal separación entre cuerpo y mente, entre las medibles, dimensionadas, mecánicamente operadas, infinitamente divisibles cosas del cuerpo, por un lado, y las inconmensurables, no dimensionadas e indivisibles cosas del espíritu; la sugerencia de que el razonamiento y el juicio moral, y el sufrimiento que proviene del dolor físico o la convulsión emocional pudieran existir separados del cuerpo»; «[e]specíficamente: la separación entre las operaciones más refinadas de la mente y la estructura y operación de un organismo biológico» (Idem, 249; mi destacado). *Damásio razona sobre la existencia de otros errores del filósofo francés, tal vez más importantes, pero su preocupación reside en que, aún, muchos consideran sus puntos de vista como autoevidentes y sin necesidad de reexamen* (Idem, 250). Otro motivo que hace reprochable la idea que separa *res cogitans* y *res extensa* es su influencia en la medicina occidental, extendida tanto por la investigación como por la práctica. De tal modo, no se presta atención a las consecuencias psicológicas de las enfermedades del cuerpo (llamadas «enfermedades reales»), a las cuales se pone en segundo lugar (Idem, 251).

Coincido con el punto de vista del neurocientífico portugués. A su vez, viene a mi recuerdo, en unas jornadas de octubre de 1996 en Salta, una afirmación del filósofo argentino Jaime Barylko. Sostuvo que, con el «*Cogito*», Descartes se había equivocado gravemente, ya que debió haber formulado su tan famosa declaración como: «*pienso, luego existes*». En el planteo de Barylko se está considerando implícitamente la exclusión del «otro». El sistema cartesiano parece reprochable en muchos puntos. Frente a ello, podemos interpelar al francés respecto de cómo llegó a una formulación tan abstracta de **lo humano,** tan descorporeizada y deshumanizada, tan teórica que fue llevada hasta sus últimas consecuencias por el racionalismo moderno. Para ello también podría existir una probable respuesta, sistematizada por Stephen Toulmin en su obra «Cosmópolis» (1994). Este autor comienza preguntándose qué fue lo que llevó a los filósofos del siglo XVII (Descartes y Leibniz) a un corte tan abrupto con el humanismo de los filósofos y pensadores del siglo XVI (Erasmo, Rabelais, Shakespeare, Montaigne, Pascal y Bacon). Mantiene que las ideas filosóficas, matemáticas, físicas o lógicas no surgen al margen de las circunstancias históricas dentro de las cuales nacieron (Toulmin, 2001-10). Los humanistas habían sido intelectualmente modestos, comprensivos y relajados. Odiaban la gazmoñería social y no se privaban de escribir sobre sentimientos e inclusive sobre el disfrute del sexo: «¿Qué ocurrió realmente para que las actitudes europeas sufrieran una transformación tan drástica entre 1590 y 1640?» (Idem, 78). Con maestría y sin perder de vista la complejidad de aquella época histórica, recuerda que por entonces se transitaba el tiempo de la Contrarreforma y empezaba a haber serios problemas con la cuestión de quiénes podían reinar legítimamente sobre los países europeos, teniendo en cuenta que muchos se habían convertido en protestantes. Nacía la intolerancia religiosa. Enrique IV (de Navarra), rey de Francia, era totalmente tolerante y por ello fue asesinado el 14/05/1610. Allí comenzaron a incubarse aires de guerra, la que por fin estallaría en 1618, durando 30 horrorosos años que destrozaron a Europa. Ante semejante panorama (social, económico, militar), la población que quedaba comenzó a **odiar las incertidumbres** que los llevaran al conflicto y en las cuales estaban inmersas sus vidas cada vez más. *La incertidumbre se había vuelto inaceptable.* Descartes, convencido de esto, se propuso encontrar el camino a la verdad pura, a la certeza. Así quedó inaugurada una *política de la certeza*. Los racionalistas soñaron tres cosas concretas: un método racional, una ciencia unificada y una lengua exacta. Pretendían *purificar* las operaciones de la razón humana, descontextualizándolas y divorciándolas de situaciones históricas y culturales concretas (Idem, 146). Entre las creencias que el racionalismo tomó como principios indispensables, se encuentra la que afirma que lo «humano» que más caracteriza a la humanidad es su capacidad para el pensamiento o la acción racionales; otra entiende que la emoción suele dificultar y distorsionar el trabajo de la razón, y que «las emociones deben ser objeto de desconfianza y control» (Idem, 159). La separación entre cuerpo y alma (emociones) llegó a considerar que el cuerpo y las emociones eran «bajos», y su proyección fue grave al afectar la educación moral y el orden social (Idem, 166/167). De ese modo, «la vida de las emociones quedó arrinconada, repudiada, como algo que pudiera distraer al individuo a la hora de tomar una deliberación lúcida» (Idem, 192). «La sacralización de la estabilidad social tuvo sus implicancias prácticas». Rasgo esencial de la nueva cosmovisión fue «la separación radical entre la razón y las emociones». Pero no fue una doctrina teórica y meramente intelectual, sino algo que marcó, desde finales del siglo XVII hasta mediados del XX, la vida de Europa, modelándola tanto social como personalmente (Idem, 190). Lo que impulsó la *cruzada por la certeza y la verdad absoluta* fue el miedo social de volver a sufrir otra Guerra de los Treinta Años (1618

/1648). También el deseo de tener algo firme y seguro para levantarse y para que esto nunca más ocurriera. *Como dijo Damásio, lo grave fue el modo en que esa filosofía logró contaminar tres siglos, causando tanto daño.* Si Descartes hubiera imaginado sus proyecciones (*que incluso legitimaron el pensamiento único y la intolerancia por el pluralismo*), no le habrían agradado dichas consecuencias. Por ello, estimo posible 'disculpar' al filósofo. Y no puedo desperdiciar la oportunidad que Damásio me da, cuando confirma el terrible daño que el cartesianismo causó. Bien mirado, lo que llevó a esa generación a buscar la certeza y la verdad absoluta fue el miedo, sobre el cual algo expresé en el capítulo VII de este libro. Por eso, aprender a reconocerlo -lo cual es muy dificultoso- implica un tema de particular relevancia cuando pensamos en mejorar las conductas personales y las colectivas, siendo ésa una de las tareas principales a abordar en la educación emocional.

No puedo cerrar estas reflexiones sin traer a colación de nuevo a Iacoboni, cuando evalúa una fundamental consecuencia teórica directa del descubrimiento de las neuronas-espejo: **«[t]iene que ver con el papel de la neurociencia en la conformación y el cambio de la sociedad para mejor»** (2012-251/252; mi negrita). Pone sobre el tapete un tema doloroso (lo llamaremos *hipocresía política*), que plantea cómo nuestra gregariedad nos lleva a encontrarnos cotidianamente en interconexiones que son básicas y prerreflexivas (compartiendo emociones e intenciones). Este *hecho ahora conocido por la neurobiología* es un punto de partida fundamental cuando se aborda el asunto del comportamiento social, muy desatendido por la tradición (agrego «cartesiana»), que siempre hizo pie sobre el comportamiento reflexivo y las diferencias entre las personas.

Ante las atrocidades de un mundo que nos mira directo a los ojos, «y ello, a pesar de una neurobiología con las conexiones armadas para la empatía y preparada para el reflejo especular y la capacidad de compartir significado», demando: ¿a qué se debe? (Idem, 257). El científico italiano encuentra tres factores como respuesta: por un lado, el de la *violencia imitativa*, para desbaratar la cual no se actúa, invocando la libertad de expresión -y ocultando intrincados intereses financieros-. El segundo factor que obstaculiza la divulgación social de los beneficios de estos descubrimientos científicos es que la fuerza neurobiológica se despliega a nivel prerreflexivo, ya que las neuronas-espejo son premotoras y no se ocupan del comportamiento reflexivo. Los *comportamientos especulares* parecen ser implícitos, automáticos y prerreflexivos: «Mientras tanto, la sociedad, de manera indiscutible, está construida sobre la base de un discurso explícito, deliberado, reflexivo. *Los procesos mentales implícitos y explícitos rara vez interactúan; en realidad, hasta pueden disociarse*» (Idem, 259; la cursiva me pertenece). Entiendo la preocupación de Iacoboni y creo, específicamente, que *una educación desde la infancia puede alcanzar a modificar -de nuevo: lentamente y sin garantía- estos hechos*. Aquél considera que mucha gente es intuitiva y tiene la sensación de «ser movida» hacia la empatía y, luego, hacia la moralidad. **Mi propuesta educativa de hoy pone énfasis en la promoción de la empatía y en todas las conexiones y desarrollos que van llevando a la persona empática hacia los valores, a una ética de compromiso y responsabilidad y, por fin, a la aceptación y cumplimiento de los derechos humanos.**

El tercer factor que, a criterio de Iacoboni, inhibe el impacto positivo del *sistema especular*, ocurre porque son muy potentes las tradiciones locales en la conformación de los individuos, *quedando ignoradas otras culturas* que podrían revelarse justamente por nuestra neurobiología especular y que, por el contrario, no logran el encuentro intercultural por el poder de los sistemas de creencias religiosas y políticas -las cuales niegan la neurobiología fundamental que nos

182

interrelaciona-. Asumo que esos sistemas de creencias pueden resumirse en el paradigma vigente: colonial, autoritario, machista, militarista. Paradigma que está incorporado en el ego colectivo, en el inconsciente social. Para disolverlo busco una opción educativa con las ideas que aquí propongo. «En mi opinión, estamos en un punto en el que los resultados de la neurociencia pueden ejercer una influencia significativa en la sociedad y en nuestra comprensión de nosotros mismos, y cambiarlas. Ya es tiempo de considerar esta opción con seriedad. Lo que sabemos de los potentes mecanismos neurobiológicos que subyacen al carácter gregario del ser humano, brinda un invalorable recurso para ayudarnos a determinar de qué modo *disminuir el comportamiento violento, aumentar la empatía y abrirnos a otras culturas sin olvidar la propia*. Hemos evolucionado para *conectarnos en un nivel profundo* con otros seres humanos. Nuestra conciencia de esta realidad puede y debe acercarnos aún más» (Iacoboni, 2007-260; mi destacado).

Emergencia del Nuevo Paradigma

En la Introducción a esta obra se expusieron nociones relativas al aún vigente paradigma colonial, modelo sociocultural que se desea transformar tanto a nivel subjetivo como social. En el final de este trabajo es necesario que me pregunte si la propuesta fue acorde con mi deseo de realizar modificaciones tan profundas. Por ello, razonaré a partir de los conceptos de Fritjof Capra, físico teórico vienés en quien leí por primera vez las expresiones «paradigma emergente» y «cultura emergente» («El tao de la física», 1997), y «cultura naciente» («El punto crucial», 1998). El pensador sostiene que existe profundo desequilibrio en nuestra cultura, la que «ha favorecido los valores y actitudes *yang* o masculinas, y ha descuidado sus contrapartes *yin* o femeninas, que le son complementarias. Hemos favorecido la autoafirmación a costa de la integración, el análisis sobre la síntesis, el conocimiento racional sobre la sabiduría intuitiva, la ciencia sobre la religión, la competencia sobre la cooperación, la expansión sobre la conservación y así sucesivamente. Este *desarrollo parcial* ha alcanzado ya un punto alarmante, ha llegado a constituir una crisis que presenta dimensiones sociales, ecológicas, morales y espirituales» (Capra, 1997-12; cursiva me pertenece). Destaca que, como consecuencia, hace varias décadas comenzó a perfilarse una tendencia evolucionaria que abarca la preocupación por la ecología, el interés por el misticismo oriental, el surgimiento de la conciencia feminista y el redescubrimiento del enfoque holístico por la salud y la curación. Frente a esto ya no puede sostenerse la objetividad científica sino la necesidad de una ciencia con valores y de unos investigadores con responsabilidad intelectual. Al hablar del *cambio de paradigmas*[3] que aquella tendencia supone, observa que el emergente responde a un concepto *holístico*, aunque él prefiera denominarlo *concepto ecológico del mundo*, usando la voz *ecológico* en un sentido más amplio que el habitual: «Esta profunda consciencia ecológica está ya apareciendo en diversas áreas de nuestra sociedad, tanto dentro como fuera del ámbito de la ciencia» (Capra, 1997-415).

En conclusión, el *Nuevo Paradigma* o *Paradigma Emergente* incide en primer lugar en el paradigma de la antigua ciencia, que deberá trascender su carácter puramente objetivo. Lo que resulta indudable es que, por efecto de la teoría de sistemas, estos cambios en las *ciencias físicas y naturales* van deslizándose e impactando en las *ciencias humanistas*, donde se ubican la filosofía, el Derecho, la psicología, la educación, es decir, algunos de los saberes que traté hasta aquí. La subyacencia, a estas últimas, de la *inteligencia emocional -* apoyada en la neurobiología- interpela fuertemente a la sociedad y al Estado en busca de su urgente desarrollo por medio de la *alfabetización o educación emocional.*

---

[3]Capra usa el término «paradigma» también con el significado de «modelo».

184

Estoy convencida de que dictar «Educación Emocional» a todos los niños del nivel primario tiene un doble significado: implicará un aporte más a la total emergencia del *paradigma ecológico* (no colonial, no patriarcal, no hegemónico, de apego a los DDHH) y, a la vez, un puntapié pedagógico inicial, que con el tiempo pueda extenderse a otros niveles educativos e, inclusive, a todas las jurisdicciones del país. El verdadero impacto de la alfabetización curricular será visible cuando con el tiempo se vaya perfilando una *masa crítica de personas*, en el convencimiento de que otra cultura y otra sociedad son posibles (no violentas sino amorosas, altruistas): las de una auténtica «transformación cultural» (Eisler, 1990-32).

ANEXO
INTRODUCCIÓN LEGAL DE LA MATERIA «EDUCACIÓN EMOCIONAL» EN EL CURRÍCULUM DE LA ESCUELA PRIMARIA

«Educar la mente sin educar el corazón
no es educar en absoluto».
ARISTÓTELES

Considerando que este libro es el desprendimiento de una tesis escrita para la provincia de Salta y desde ella, y que ahora lo publico para todo el país, decidí colocar el estudio legal específico relativo a Salta como *Anexo,* entendiendo que por lo menos en esa provincia no es necesaria una Ley de Educación Emocional: la riqueza normativa de Derechos Humanos en Argentina habilita el dictado de la materia curricular Educación Emocional, sin otros requisitos que incluirla en el Diseño Curricular y capacitar a sus docentes.

¿Cómo introducir la materia pretendida en la escuela?

Este Anexo presentará la cuestión tratada dentro del marco jurídico que corresponde, habida cuenta de que el currículum donde la materia debe incorporarse está reglamentado, por ser la Escuela Primaria el segundo tramo considerado por las leyes de educación. El primer sondeo a realizar será a través de los Tratados Internacionales de Derechos Humanos suscriptos y ratificados por la República Argentina, tanto en el sistema de la ONU (Organización de las Naciones Unidas) cuanto en el de la OEA (Organización de Estados Americanos). Sólo citaré las normas que puedan contener derechos relativos a la educación y al tema que nos ocupa, explícitos e implícitos.

En la *Declaración Universal de los Derechos Humanos* (D.U.D.H., 10/12/48):

Art. 1: «Todos los seres humanos nacen libres e iguales en dignidad y derechos y, dotados como están de razón y conciencia, deben comportarse fraternalmente los unos con los otros».

Art. 2.1: «Toda persona tiene todos los derechos y libertades proclamados en esta Declaración, sin distinción alguna de raza, color, sexo, idioma, religión, opinión pública o de otra índole, origen nacional o social, posición económica, nacimiento o cualquier otra condición».

Art. 26: «**1.** Toda persona tiene derecho a la educación. La educación debe ser gratuita, al menos en lo concerniente a la instrucción elemental y fundamental. La instrucción elemental será obligatoria...» y «**2.** La educación tendrá por objeto el pleno desarrollo de la personalidad humana y el fortalecimiento del respeto a los derechos humanos y a las libertades fundamentales; favorecerá la comprensión, la tolerancia y la amistad entre todas las naciones y todos los grupos étnicos o religiosos; y promoverá el desarrollo de las actividades de las Naciones Unidas para el mantenimiento de la paz».

Art. 29.1: «Toda persona tiene deberes respecto de la comunidad puesto que sólo en ella puede desarrollar libre y plenamente su personalidad.»

En la *Declaración Americana de los Derechos y Deberes del Hombre* (D.A.D.D.H., Bogotá Colombia, 1948):

Preámbulo, cuarto considerando: «Es deber del hombre servir al espíritu con todas sus potencias y recursos porque el espíritu es la finalidad suprema de la existencia humana y su máxima categoría». Y **sexto considerando**: «Y puesto que la moral y buenas costumbres constituyen la floración más noble de la cultura, es deber de todo hombre acatarlas siempre.»

Art. XII: «Toda persona tiene derecho a la educación, la que debe estar inspirada en los principios de libertad, moralidad y solidaridad humanas.»

Art. XXIX: «Toda persona tiene el deber de convivir con las demás de manera que todas y cada una puedan formar y desenvolver integralmente su personalidad.»

En la *Convención Americana sobre Derechos Humanos* (C.A.D.H.), firmada el 22/11/69 y llamada *Pacto de San José de Costa Rica*:

Art. 5.1: «Toda persona tiene derecho a que se respete su integridad física, psíquica y moral.»

Art. 26: «Los Estados Partes se comprometen a adoptar providencias, tanto a nivel interno como mediante la cooperación internacional, especialmente económica y técnica, para lograr progresivamente la plena efectividad de los derechos que se derivan de las normas económicas, sociales y sobre educación, ciencia y cultura, contenidas en la Carta de la Organización de los Estados Americanos, reformada por el Protocolo de Buenos Aires en la medida de los recursos disponibles, por vía legislativa u otros medios apropiados.»

El *Protocolo de San Salvador* (Protocolo Adicional a la Convención Americana sobre Derechos Humanos en materia de Derechos Económicos, Sociales y Culturales) fue firmado el 17/ 11/88 por quince países, y con la firma de once entró en vigor el 16/11/99. Este documento viene a ser la concreción del art. 26 de la C.A.D.H., transcripto en párrafo precedente:

Art. 13: «Derecho a la educación. **1.** Toda persona tiene derecho a la educación. **2.** Los Estados Partes en el presente Protocolo convienen en que la educación deberá orientarse hacia el pleno desarrollo de la personalidad humana y del sentido de su dignidad y deberá fortalecer el respeto por los derechos humanos, el pluralismo ideológico, las libertades fundamentales, la justicia y la paz. Convienen, asimismo, en que la educación debe capacitar a todas las personas para participar efectivamente en una sociedad democrática y pluralista, lograr una subsistencia digna, favorecer la comprensión, la tolerancia y la amistad entre todas las naciones y todos los grupos raciales, étnicos o religiosos y promover las actividades a favor del mantenimiento de la paz. **3.** Los Estados Partes en el presente Protocolo reconocen que, con objeto de lograr el pleno ejercicio del derecho a la educación: **a.** la enseñanza primaria debe ser obligatoria y asequible a todos gratuitamente...»

En la *Convención sobre los Derechos del Niño*, suscripta el 22/11/89 y en vigor desde 1990, específicamente dice:

Art. 28: «**1.** Los Estados Partes reconocen el derecho del niño a la educación y, a fin de que se pueda ejercer progresivamente y en condiciones de igualdad de oportunidades ese derecho, deberán en particular: a) Implantar la enseñanza primaria obligatoria y gratuita para todos; e) Adoptar medidas para fomentar la asistencia regular a las escuelas y reducir las tasas de deserción escolar.»

Art. 29: «**1.** Los Estados Partes convienen en que la educación del niño deberá estar encaminada a: a) Desarrollar la personalidad, las aptitudes y la capacidad mental y física del niño hasta el máximo de sus posibilidades; d) Preparar al niño para asumir una vida responsable en una sociedad libre, con espíritu de comprensión, paz, tolerancia, igualdad de los sexos y amistad entre todos los pueblos, grupos étnicos, nacionales y religiosos y personas de origen indígena; e) Inculcar al niño el respeto al medio ambiente natural.»

El *Pacto Internacional de Derechos Económicos, Sociales y Culturales* (P.I.D.E.S.C.), firmado el 19/12/66, enseña:

Art. 13: «**1.** Los Estados Partes en el presente Pacto reconocen el derecho de toda persona a la educación. Convienen en que la educación debe orientarse hacia el pleno desarrollo de la personalidad humana y del sentido de su dignidad, y debe fortalecer el respeto por los derechos humanos y las libertades fundamentales. Convienen asimismo en que la educación debe capacitar a todas las personas para participar efectivamente en una sociedad libre, favorecer la comprensión, la tolerancia y la amistad entre todas las naciones y entre todos los grupos raciales, étnicos o religiosos, y promover las actividades de las Naciones Unidas en pro del mantenimiento de la paz. **2.** Los Estados Partes en el presente Pacto reconocen que con objeto de lograr el pleno ejercicio de este derecho: a) La enseñanza primaria debe ser obligatoria y asequible a todos gratuitamente. Y: e) Se debe proseguir activamente el desarrollo del sistema escolar en todos los ciclos de la enseñanza, implantar un sistema adecuado de becas, y mejorar continuamente las condiciones materiales del cuerpo docente».

La *Convención de Belem do Pará*, suscripta el 09/06/94, en su **Art. 8, inc. b** insta a los Estados-Parte a adoptar medidas para: «modificar los patrones socioculturales de conducta de hombres y mujeres, incluyendo el diseño de programas de educación formales y no formales apropiados a todo nivel del proceso educativo, para contrarrestar prejuicios y costumbres y todo otro tipo de prácticas que se basen en la premisa de la inferioridad o superioridad de cualquiera de los géneros o en los papeles estereotipados para el hombre y la mujer que legitimizan o exacerban la violencia contra la mujer». Ligada con esta Convención, la **ley 26.485**, de Protección Integral a las Mujeres, fue sancionada el 11-03-09 y está reglamentada por **Decreto 1.011/10** (B.O.20-07-10), cuyo art.11, inc.3) a) prescribe: «Los contenidos mínimos curriculares de la perspectiva de género deben estar incluidos en todos los niveles y modalidades educativas y en todas las instituciones, ya sean de gestión estatal, privada o cooperativa».

La *Organización Mundial de la Salud (OMS)* propuso el desarrollo de «Habilidades para la vida» en 1986. En 1993 elaboró un nuevo documento centrado en la educación

(«*Life Skills Education in School*»), donde las define como «capacidades para adoptar un comportamiento adaptativo y positivo que permita a los individuos abordar con eficacia las exigencias y desafíos de la vida cotidiana». En 1998 el organismo dictó un «Glosario» abarcando diez habilidades para la vida, las cuales según mi estudio están incluidas en el desarrollo de la Inteligencia Emocional.

La previa enumeración es suficiente para mostrar de qué manera muchos de los parámetros que pretende introducir la educación emocional están contenidos, como metas a cumplir, en tales textos. Clásicamente se distingue entre documentos que son meras Declaraciones, y aquéllos de carácter contractual (Pactos, Convenciones, Tratados, Protocolos). Las primeras carecen, en principio, de valor normativo; los segundos son exigibles jurídicamente. No obstante, en agosto de 1994 la cuestión cambió para Argentina, con la reforma constitucional que otorgó a ciertos Tratados de DDHH carácter constitucional, al ser colocados en el mismo rango de la Carta Magna, en lo que se llamó *nuevo bloque de la constitucionalidad* (art. 75 inc. 22). Dicho bloque incluye los mencionados: D.A.D.D.H., D.U.D.H., C.A.D.H., P.I.D.E.S.C., C.I.D.N. Al hallarse a la altura de la Constitución, Declaraciones, Pactos y Convenciones adquirieron valor normativo y exigibilidad, atributos que también lucen las constituciones nacional y salteña.

El art. 14 del *Bill de Derechos* Nacional reconoce a todo habitante de la Nación, «conforme a las leyes que reglamentan su ejercicio», el derecho «de enseñar y aprender». A su vez, la Constitución de Salta, en el art. 24, expresa: «Esta Constitución garantiza a todos los habitantes el derecho de enseñar y de aprender». La reglamentación de tales derechos se encuentra concretada en las Leyes de Educación 26.206 (Nación) y 7.546 (Provincia). Básicamente, la provincial se inspira en la nacional, con pocas diferencias, las cuales para nada afectan la presente reflexión. **Mi impresión, tras leer cotejando ambas normas generales, es de** que toda la nueva normativa se encuentra abierta a lo que llamamos paradigma emergente, por lo cual ambas son ámbitos fácilmente abarcadores de las conclusiones que hasta ahora pude obtener en el dominio sentimental/ emocional.

No haré un exhaustivo análisis de las dos leyes: sólo he de extraer algunas de sus prescripciones como engarces -hasta naturales, diríamos- de los temas recién tratados. Así, de la *Ley 26.206* tomaré ciertos puntos muy específicos del Capítulo II, titulado «Fines y objetivos de la política educativa nacional»: el **Art. 11** agota dicho capítulo y posee veintitrés incisos. El **a)** prescribe una educación de calidad con *igualdad de oportunidades y posibilidades*, sin desequilibrios regionales ni inequidades sociales; el **b)** garantiza una educación integral que *desarrolle todas las dimensiones* de la persona; el **c)** dice que brinda cierta formación ciudadana comprometida con los *valores éticos y democráticos* de participación, libertad, solidaridad, resolución pacífica de conflictos, respeto a los *derechos humanos*, responsabilidad, honestidad, valoración y preservación de los patrimonios cultural y natural. A su vez, el inciso **j)** concibe la cultura del trabajo y del esfuerzo individual y cooperativo como principio fundamental del proceso enseñanza-aprendizaje. El **p)** promueve valores para la formación integral de una *sexualidad responsable*, y el **q)** hace lo propio respecto de valores y actitudes tendientes a fortalecer las capacidades personales para evitar caer en adicciones y uso indebido de drogas.

Por otro lado, el Capítulo III se destina a la Educación Primaria, que es obligatoria a partir de los seis años de edad. El **Art. 27** señala que la *finalidad* de este nivel de educación es proporcionar una *formación integral*, básica y común, y sus *objetivos*: garantizar a los niños un conjunto de saberes comunes que les permita participar en la vida familiar, escolar y comunitaria **(inc. a)**; «ofrecer las condiciones necesarias

193

para un desarrollo integral de la infancia en todas sus dimensiones» (**inc. b**); brindar oportunidades equitativas para el aprendizaje de saberes significativos en los diversos campos del conocimiento, y de capacidades para «aplicarlos en situaciones de la vida cotidiana» (**inc. c**). El inciso **e)** promueve el «desarrollo de una actitud de esfuerzo, trabajo y responsabilidad en el estudio y de curiosidad e interés por el aprendizaje, fortaleciendo la confianza en las propias posibilidades de aprender»; el **f)** se propone que la educación primaria desarrolle la iniciativa individual y el trabajo en equipo, y hábitos de convivencia solidaria y cooperación. «Brindar una formación ética que habilite para el ejercicio de una ciudadanía responsable y permita asumir los valores de libertad, paz, solidaridad, igualdad, respeto a la diversidad, justicia, responsabilidad y bien común» (**inc. h**), y «promover el juego como actividad necesaria para el desarrollo cognitivo, afectivo, ético...» (**inc. k**).

Centrándome ahora en la *Ley 7.546*, que sigue los lineamientos de la política educativa nacional, llama la atención el **Art. 6**: «La educación brindará las oportunidades necesarias para desarrollar y fortalecer la *formación integral* de las personas *a lo largo de toda la vida* y promover en cada alumno la capacidad de *definir su proyecto de vida*, basado en los valores de libertad, paz, solidaridad, igualdad, *espiritualidad*, respeto a la diversidad, justicia, responsabilidad y bien común». Este artículo excede al art. 8 de la Ley 26.206 en el término 'espiritualidad'. Lo tomo como atingente a la indudable y misteriosa dimensión de trascendencia que el ser humano posee. No se trata de religiosidad, aunque una persona religiosa pueda ser también profundamente espiritual. La espiritualidad tiene que ver con la interioridad y poco necesita de estructuras jerárquicas religiosas.

Volviendo a la ley salteña, destaco su **Art. 8 – inc. c**, que a diferencia del Art. 11 - inc. c de la nacional incluye, dentro de la finalidad de formación en valores esenciales, «el respeto por sí mismo y por los otros, el respeto por la vida, respeto a los derechos humanos». Esta sola formulación es ampliamente abarcativa, tal vez completamente. Es significativo que el inciso **d)** proponga fortalecer el conocimiento de la provincia de Salta, con respeto a la diversidad cultural, «abierto a los valores universales y a la integración regional, nacional y latinoamericana». Por fin, es asimismo importante el inciso **z)** de este **Art. 8**, al poner como fin de la educación el «estimular desde la infancia y la juventud, el conocimiento y práctica del cooperativismo, el mutualismo y demás expresiones de la *economía social y solidaria*». Se trata de un asunto que requiere, para su concreción, sólido desarrollo de las competencias sociales de los individuos, y ello mora en la intimidad de la Inteligencia Emocional.

Mi conclusión sobre el punto expuesto es que no hay barrera jurídica, intelectual ni epistemológica o pedagógica dentro del plexo legal que da marco jurídico a la educación primaria en Salta, que pueda impedir la introducción formal de la materia «Educación Emocional» (EE) en la currícula pertinente. Para ello no hace falta ley formal. La naturaleza del Estado Argentino desde 1994 es la de un Estado de Derechos Humanos o Estado de Justicia; significa que, de algún modo, aunque a veces sólo sea en los textos -y no en la praxis política y judicial- se salió de los parámetros de la posmodernidad jurídica (Ghersi, 1997) y receptó el *paradigma emergente*, que incluye mi visión de los DDHH, expuesta en el Capítulo II de esta obra.

Autoridades administrativas y escolares

La última ley que estructura el Poder Ejecutivo de Salta, Nº 8.053 (22/11/17), no varía respecto del Ministerio de Educación, Ciencia y Tecnología (M.E.C.y T.), nombre que ya ostentaba. Su **Art. 25 – inc. 10** reza: «Compete al Ministro de Educación, Ciencia y Tecnología asistir al Gobernador en todo lo inherente a la formulación de las políticas educativas, científicas y tecnológicas con arreglo a las disposiciones de la legislación provincial en la materia, y además: *entender en la aprobación de los diseños curriculares para los diversos niveles,* ciclos y modalidades especiales». La Educación Primaria es el segundo nivel educativo. Por ende, en línea descendente, las *autoridades administrativas* que tienen a su cargo la educación primaria son: Gobernador, Vicegobernador, Ministro de Educación, Ciencia y Tecnología, Secretario de Gestión Educativa, Secretario de Ciencias y Tecnología, Secretario de Gestión Administrativa y Recursos Humanos, Subsecretario de Planeamiento Educativo, Subsecretario de Calidad e Innovación Educativa, Subsecretario de Educación, Trabajo y Producción; luego, y dependiendo de la Dirección General, la Dirección de Educación Primaria y Educación Inicial (al tiempo de escribirse esta obra).

Las *autoridades escolares*, es decir las que concurren a la unidad educativa o escuela, conformando su estructura, son: el Equipo Directivo, consistente en el Director y en el Vicedirector; los Auxiliares de Dirección; el Personal Docente, formado por Maestros de Grado y Maestros Celadores y, por fin, el Personal de Maestranza.; por fin, el Personal de Maestranza. Por encima del Director, el Supervisor de Escuelas, quien depende de la Dirección de Educación Primaria y Educación Inicial.

Objetivos y contenidos: actual *Diseño Curricular para la Educación Primaria* de Salta (Argentina) -DCEP-

Los *objetivos* del dictado de la materia «Educación Emocional» se enfocan en lograr despertar en sus destinatarios el interés y la curiosidad por saber cómo está constituido el ser humano, en especial cuál es el asiento de su emocionalidad, qué son las emociones y los sentimientos y para qué sirven, de modo que tales nuevos conocimientos vayan transformando sus personalidades, para que dentro del mismo grado y en toda la escuela pueda darse mejoría de conductas y de trato entre compañeros, y luego pueda ello llevarse al
196

hogar y demás ámbitos de socialización de los pequeños aprendientes. O sea, como en cualquier otra materia curricular, *el primer objetivo de la EE radica en el aprendizaje.*

Corresponde centrarse ahora en la normativa salteña, ya que en virtud del art. 5 de la Constitución Nacional, la educación primaria es facultad y obligación de las provincias. Por ende, al hablar de *Objetivos* se lo hará desde nuestro texto legal, aunque seleccionando aquellos que tengan relación con la temática de EE, ya que lo que se trata de determinar es si la asignatura propuesta puede incluirse en el currículum primario. El **art. 27** de la Ley 7.546 enlista, a la luz del criterio recién indicado, los siguientes objetivos: *Inc. a*: garantizar el desarrollo individual e integral de la infancia en todas sus dimensiones. *Inc. c*: garantizar el aprendizaje de saberes significativos en los diversos campos del conocimiento, en especial en Formación Ética y Ciudadana, Ciencias Naturales y Ecología, para que se adquiera la capacidad de aplicarlos en situaciones de la vida cotidiana. *Inc. f*: promover el desarrollo de una actitud de esfuerzo y trabajo responsable en el estudio, y de curiosidad e interés por el aprendizaje, fortaleciendo la confianza en las propias posibilidades de aprender. *Inc. g*: desarrollar la iniciativa individual, el trabajo en equipo, hábitos de convivencia y cooperación armónicas. *Inc. i*: la formación ética que habilite al ejercicio de una ciudadanía responsable, y la adquisición de los valores de libertad, paz, solidaridad, igualdad, respeto por sí mismo y sus congéneres, respeto a la diversidad y la justicia, responsabilidad y bien común. *Inc. n*: practicar actividades lúdicas (estrategias didácticas) para el desarrollo cognitivo, afectivo, ético y social. *Inc. o*: incentivar la búsqueda permanente de la verdad y el desarrollo del juicio crítico.

En la página *www.edusalta.gov.ar* pueden encontrarse los *Diseños Curriculares* para los distintos niveles y modalidades educativos de la provincia de Salta. Son confeccionados por curriculistas contratados por la Dirección de Planificación Educativa - Subsecretaría de Planeamiento Educativo, directamente dependiente del M.E.C.y T. *El DCEP que me interesa es de 2010*; fue aprobado por Resolución Ministerial N° 8.568/10, dentro del marco de las Leyes 26.206 y 7.546; está vigente a la fecha. El Equipo Curricular distinguió diez *Áreas Curriculares*, a saber: Lengua, Matemática, Ciencias Sociales, Ciencias Naturales, Educación Tecnológica, Formación Ética y Ciudadana, Lenguas Extranjeras, Educación Física, Educación Artística y Educación Religiosa.

Mi tarea consistió en observar, dentro de las áreas actuales, cuál o cuáles eran afines a, o podían contener, la materia Educación Emocional. Inclusive, a través de cuáles otras áreas la EE puede transversalizarse. Sin perjuicio de esto último, el Diseño Curricular para la Escuela Primaria (DCEP) es un constructo cultural que debe hodiernizarse cada tanto, para no quedar sin significado y fuera de contexto sociohistórico; *en una próxima actualización se puede incluir la EE como Área Curricular, propuesta de este trabajo.*

Por ahora, luce como posible el *área de las Ciencias Naturales*. Si se considera la parte biológica de los contenidos de EE, es posible entrar en el marco de dichas ciencias. En la página 230 del PDF que contiene el DCEP, brindado por la página web citada, dentro del texto de Fundamentación, se seleccionan cuatro ejes de trabajo, teniendo en cuenta los NAP (Núcleos de Aprendizajes Prioritarios). Para la finalidad perseguida en este libro es relevante el primer eje, denominado «**Los seres vivos: diversidad, unidad, interrelaciones y cambios**». Prescribe: «A partir de este Eje se propone que los alumnos comprendan que existe una gran diversidad de seres vivos y de ambientes con características propias que posibilitan su agrupamiento y clasificación. Comprendiéndolo, podrán interpretar la amplia gama de adaptaciones, comportamientos y ciclos de vida que hacen posible que los organismos se desarrollen en diferentes tipos de ambientes y que interactúen entre sí y con el medio en el cual habitan. / «Enseñar los contenidos incluidos en este Eje supone promover el desarrollo de competencias como la observación, la formulación de preguntas, la identificación, el registro y comparación de información obtenida acerca de diferentes seres vivos y de variados ambientes tanto cercanos como lejanos, del presente y del pasado, como también fomentar el desarrollo de actitudes de cuidado, respeto y valoración del ambiente. / «Asimismo se propone que los alumnos ubiquen, describan y registren características del cuerpo humano, tanto internas como externas, *a fin de que identifiquen similitudes y diferencias entre las personas*. También, los cambios que se producen durante el crecimiento y desarrollo del organismo, a partir de lo cual *se fomentarán actitudes y acciones que promuevan hábitos saludables y la prevención de enfermedades propiciando una mejor calidad de vida. Estos conceptos se profundizarán de manera gradual en el transcurso de los años*» (mi cursiva).

En el área de *Formación Ética y Ciudadana*, cuya fundamentación distingue la *educación moral* de la *formación ética*, también se encuentran tres ejes. Tomo el **Eje 1: «En relación a la reflexión ética»**: «Es importante que se promueva la construcción de una concepción ética que estimule la reflexión crítica utilizando como principal herramienta el ejercicio de la discusión argumentativa en el marco valorativo de los derechos humanos de jerarquía constitucional. En tal sentido, el ejercicio del diálogo será fundamental entendiéndolo como un recurso para resolver situaciones conflictivas en los diferentes ámbitos de actuación, y para debatir temas relacionados con normas, valores y derechos. Por otra parte, se plantea la progresiva construcción de algunas nociones básicas para la vida en sociedad (libertad, responsabilidad, paz, solidaridad, bien común, igualdad, justicia, respeto por la diversidad).»

Asimismo, interesa el **Eje 3: «En relación con la ciudadanía, con los derechos y la participación»**: «Este Eje promueve la participación en prácticas áulicas, institucionales y/ o comunitarias como una forma de aproximación a la experiencia democrática y al ejercicio ciudadano, poniendo énfasis en la consideración de la persona como sujeto de derechos y de obligaciones. Por ello se subdivide en tres subejes:

a. *Las Normas*: Trata gradualmente la importancia y la necesidad de las normas para la vida en sociedad. Se inicia con el tratamiento de las normas de convivencia en el aula y en la familia por ser el entorno inmediato de los niños. Se atiende a la elaboración de las normas como resultado de acuerdos establecidos entre todos y, en ese sentido, se promueve la participación. Se trabaja también con las normas de tránsito y las actitudes de prudencia para la prevención de accidentes. A partir de 3er Año se arriba al tratamiento del carácter histórico de las normas y a la importancia de su cumplimiento o incumplimiento. Se introducen los distintos tipos de normas, la vigencia, la sanción, etcétera; la explicitación del fundamento de la existencia de las mismas y el rol de las autoridades.

b. *Sistema democrático*: A partir de 4to Año, se orienta el desarrollo de algunos conceptos que suponen el ejercicio de la ciudadanía y la participación en un sistema democrático. Se abordan conceptos como los de democracia, ciudadanía, participación, república, división de poderes, formación y sanción de leyes, etcétera, como así también el tratamiento de la Constitución Nacional, las relaciones entre la democracia y la igualdad ante la ley, derechos, obligaciones, etcétera. Para trabajar los contenidos relacionados con las formas de participación ciudadana, se considera que el modo más adecuado de hacerlo es a través de proyectos institucionales que efectivamente permitan la participación activa de los niños.

c. *Los Derechos*: Hace hincapié, en primer lugar, en el reconocimiento de cada persona como sujeto de derechos (y obligaciones), y del respeto y la dignidad como fundamento de los derechos. Se pone el acento en los Derechos Humanos, especialmente en los Derechos del Niño, y en los procedimientos para reconocerlos, ejercitarlos y defenderlos en la vida cotidiana, puntualizando casos de vulneración de los derechos, y reservando los últimos años para trabajar con los crímenes de lesa humanidad. Por otro lado, se introduce a los niños al conocimiento de la importancia de la Constitución Nacional y su incidencia en la vida cotidiana, en consonancia con el conocimiento y comprensión de las dimensiones éticas, jurídicas y políticas de la historia reciente, promoviendo la construcción de la memoria colectiva y la profundización de las nociones de Estado, democracia, ciudadanía y política.»

La materia «Educación Emocional» (EE) también puede ser incluida transversalmente en textos del área de *Lengua*, con lectura, escritura y dramatización de contenidos de tipo *afectivo*.

A su vez, el **art. 98** de la Ley 7.546 **prescribe**: «Formarán parte de los contenidos curriculares *comunes:* **f)** los contenidos y enfoques que contribuyen a generar relaciones basadas en la igualdad, la solidaridad y el respeto por sí mismo y por los otros; **g)** el conocimiento de normas de convivencia que hagan posible la conducta individual y mejoren las relaciones interpersonales, desde la escolaridad y durante todas las etapas posteriores».

Los *contenidos* son los temas que los docentes deberán enseñar. Se propone esta asignatura para ser incluida en los programas desde primer grado hasta séptimo. Ello requiere gradualidad en el avance de la enseñanza, la cual deberá ser trabajada, a nivel ministerial, por expertos en enseñanza primaria, y por psicólogos infantiles que puedan adaptar los contenidos a su edad y evolución. En forma genérica, creo que deberían conformar los programas de cada grado (con la observación de *gradualidad en la profundización* de cada contenido) los siguientes: arquitectura y genealogía del cerebro; hemisferios cerebrales, distinguiendo tallo cerebral, sistema límbico y córtex o neocorteza; amígdala y neuronas-espejo; estructura de las neuronas, sinapsis y neurotransmisores; farmacopea biológica; las dos mentes; descripción de las emociones: amor, miedo, alegría, tristeza, odio, resentimiento, ira, etc.; autoconocimiento y gestión de las mismas; conflicto y resolución; solidaridad consigo mismo, las personas y el ambiente; empatía, autoconciencia, autocontrol, resiliencia; dignidad propia y ajena, altruismo y un largo etcétera.

Metodología

Cuando los curriculistas diseñen la nueva área: Educación Emocional, además de fijar finalidades, objetivos y contenidos, deberán ocuparse de la metodología, aunque también los docentes - y en ello va su pasión por enseñar- podrán sugerir distintos métodos. Se puede trabajar con todo tipo de material. Luce interesante que mientras en Lengua se vaya enseñando a leer a los alumnos, en las horas de EE se les ofrezca libros con textos directamente relacionados a los contenidos emocionales. El uso del pizarrón es importante para que se les dicte palabras u oraciones pertinentes, o para que dibujen, desde el cerebro con sus hemisferios hasta los rostros con distintas emociones.

Todo elemento material (afiches, cartulinas, masa, goma Eva o cualquier otro que sirva para crear figuras) debe utilizarse, y en variedad de colores. Pensé también en la confección de *PowerPoints* con figuras del cerebro o representaciones de su fisiología, como así también en la filmación de pequeños videos.

Una obra de Facundo Manes y María Roca -«Descubriendo el cerebro»-, propone textos breves con ilustraciones sobre algunas de sus capacidades, ofreciendo una serie de veintitrés experimentos que se pueden hacer en el aula (algunos más fáciles, para los más pequeños; el último, ideal para involucrar a toda la clase). Otra obra, *«Emoções e sentimentos ilustrados»,* de Paulo Moreira, ofrece 298 páginas cubiertas de historietas relativas a las emociones, a los pensamientos y al estado de ánimo de cada día, mediante infinidad

202

de caritas que los reflejan. *Cuando la materia en cuestión ingrese en el currículum, escritores y artistas de todas clases habrán de ser convocados a preparar obras similares para la enseñanza primaria.* Hemos accedido a otro libro, «Ni una menos. Desde los primeros años. Educación en géneros para infancias más libres», de Cecilia Merchán y Nadia Fink como compiladoras, de donde se puede entresacar textos, aunque me pareció más útil para los docentes.

Soñé, cada vez que pensé la metodología, además de los elementos nombrados y sus actividades, con la posibilidad de que en el aula existan varios cerebros y más de una representación del cuerpo -tal como ocurre cuando se enseña anatomía-, de modo que los niños puedan familiarizarse con ellos. Luego de escrita esta frase, casualmente vi en un negocio de Ortopedia del centro de mi ciudad, un pequeño esqueleto con media representación de huesos y media de músculos, y la cabeza dividida en medio cráneo y medio cerebro. Es decir, no habrá inconvenientes en conseguirlos: aquel tenía el tamaño de un niño de cuatro o cinco años y no generaba temor ni mala impresión sino ternura.

Las actividades, además de leer, escribir, dibujar y crear objetos de arte relacionados con el tema, pueden diversificarse hacia la lectura y dramatización de obras de donde se puedan inferir valores, conductas morales, actitudes y comportamientos. Sin perjuicio de la literatura actual que existe para niños (María Luján Picabea, en la obra citada en bibliografía, nombra numerosos autores de libros infantiles que serían muy útiles para apoyar la enseñanza de EE), pienso que la lectura de las fábulas clásicas, por su contenido de enseñanza moral (moraleja) serían ideales para trabajar emociones, valores y comportamientos posibles. Igualmente, las actividades musicales, la danza y el teatro.

Otra actividad interesante puede ser la de encargar búsquedas temáticas por internet en casa, con supervisión parental, y el día fijado reunirse todos los alumnos en *asamblea*, con la maestra, donde siguiendo las reglas preexplicadas del *diálogo*, los pequeños investigadores puedan hacer aportes para construir algún concepto del contenido que estén estudiando.

Una actividad áulicamente productiva consiste en el «rincón de resolución de conflictos», para resolver las diferencias entre los alumnos o entre ellos y el docente.

El juego, asimismo, debe ser incorporado como actividad diaria, una porción de la hora al menos, pues «jugar es, sobre todo, asumir roles que se adecuan a las convenciones hegemónicas o, en su defecto, se oponen a ellas» (Picabea, 2016-84). Esta autora rescata libros de cuentos donde se trabajan temas como la discriminación, el amor, el miedo, el género, la necesidad de autoaceptación... Todos ellos *son* contenidos de la EE.

Las posibilidades metodológicas son infinitas cuando la pasión del docente abre el portal de su creatividad y permanente actualización, en especial en lo tecnológico. Tuve oportunidad de concurrir a una función de Teatro Ciego para niños en Buenos Aires (2019); la obra fue «Mi amiga la oscuridad» y en ella se trabajó para enfrentar los miedos. Propongo también analizar películas como «Intensa Mente», por ejemplo, donde es interesante la dinámica emocional y mental que se presenta.

Sugiero, para empezar la clase el primer día, llevar a cabo la prueba del bombón (en realidad, malvavisco, *marshmallow*). *La primera actividad de los docentes debería ser, empero, plantear a los pequeños que lo que vayan aprendiendo, sobre todo en lo conductual, deberán ir aplicándolo en el aula y en los recreos, por el carácter vivencial de lo enseñado.*

El alumnado

Cada vez que usé el término alumno/a en este trabajo, lo fue con el sentido que da el Diccionario Etimológico de Joan Corominas (1996), es decir, del latín *alumnus*, «persona criada por otro». El Diccionario Esencial de la RAE (2006), dice que significa «discípulo». En su momento se lo describió como proveniente del griego y del latín: alfa (a) privativa, y lumen (luz). Así que el alumno venía a ser el «privado de luz», el que «carece de luz». Interpretación inaceptable en este libro, por dos cosas: desde la perspectiva iushumanista decolonial que elegí, es impensable que un niño/a llegue a la escuela como *tabula rasa*. A su vez, parece difícil aceptar, desde cierta pureza lingüística, que hagamos derivar una palabra de dos idiomas a la vez. En latín, el verbo cuyo paradigma se enuncia así: *alo, alis, alui, altum o alitum, alere*, significa nutrir, sustentar, *educar*, criar. Es decir que alumno significa: «el que es educado por otro».

Las leyes educativas consagran derechos y obligaciones de los alumnos y alumnas. La salteña, en sus **arts. 115/117 en** general les garantiza una educación de calidad, integral; respeto por su libertad de conciencia; recibir completa su educación obligatoria; protección contra todo tipo de agresión; ser evaluados científicamente e informados de ello; recibir orientación vocacional; integrar organizaciones comunitarias para participar en el funcionamiento de la unidad educativa; *participar en la toma de decisiones para la formulación de proyectos y elección de espacios curriculares complementarios que tiendan a desarrollar su responsabilidad y autonomía*; poder estudiar en edificios aptos por su seguridad y salubridad. La razón del destacado en cursiva es la seguridad acerca de que cuando los niños y niñas comiencen a adquirir los conocimientos que se proponen con la nueva materia, tendrán deseos de nuevos espacios y tiempos, y podrán sugerir talleres y proponer ideas creativas. *La neurociencia -y antes de ella la psicología- ha comprobado que una persona motivada posee creciente creatividad.* Lo cierto es que todo ser humano cuenta con base biológica para ser creativo. Sólo falta el estímulo correcto y adecuado, que normalmente comienza en la familia y continúa en la escuela. Si bien el trabajo de estimulación puede ser más pesado para el primer docente (incluso en educación inicial) cuando el infante no ha sido motivado en el hogar. La buena noticia es que la *neuroplasticidad* permite volver a poner en movimiento el pequeño cerebro y la mente infantil para despertar motivación, interés y curiosidad en aquél.

Los **arts. 117** y **118** enlistan deberes de los alumnos en siete incisos: **a)** deben esforzarse, estudiando, por obtener su máximo desarrollo posible; **b)** participar en toda actividad formativa y complementaria; **c)** respetar la libertad de conciencia, dignidad, integridad e intimidad de todo miembro de la comunidad educativa; **d)** colaborar en la mejora de la convivencia escolar, respecto de los compañeros y de las autoridades; **e)** respetar el proyecto educativo institucional y las normas de organización, convivencia y disciplina del establecimiento escolar; **f)** asistir regular y puntualmente a clases; **g)** conservar las instalaciones, equipamiento y materiales didácticos del establecimiento escolar. El **art. 118** apunta al desarrollo de la ciudadanía y del amor por la patria, imponiendo el respeto a los símbolos nacionales y provinciales.

Dos comentarios sugieren estos artículos. El primero considera que el catálogo de derechos y deberes se relaciona con las graves dificultades intraescolares que han ocurrido sobre todo con alumnos violentos y padres violentos, quienes en conducta perfectamente anómica, insultan y agreden a veces verbal y hasta físicamente a los docentes. En segundo lugar, resulta sumamente interesante leer el **art. 117** desde la perspectiva de la IE. Por ejemplo, conseguir el *máximo desarrollo personal* representa un esfuerzo de educación del impulso, la frustración y la capacidad de postergar la satisfacción. Ese deber tiende al desarrollo del sujeto autónomo y crítico. Los otros deberes tienen en cuenta al resto de las personas e implican aprender a reconocerlas en sus emociones para poder respetarlas: ello presupone el autoconocimiento, que es la herramienta que nos permite la empatía y el respeto por todos los demás, en el aula y en la institución. Es decir que, aun en el marco de los deberes de los aprendientes, la ley facilita la enseñanza de EE.

Distribución horaria de la materia y evaluación

Para que en un futuro diseño curricular sea incluida la materia analizada, debe considerarse la *carga horaria* que suponen las diez áreas actuales. De primero a séptimo grados se cumplen 30 horas semanales (horas-cátedra de 40 minutos cada una), distribuidas entre las distintas materias. De primero a tercero, matemática y lengua tienen 6 horas semanales, que a partir de cuarto (hasta séptimo) se reducen a 5 horas; las 2 restantes son para lenguas extranjeras. Educación Religiosa es un área que cuenta con 2 horas-cátedra semanales, a lo largo de toda la primaria, aunque eso tendrá que variar a partir del fallo de la Corte Federal (12/12/17), que consideró inconstitucional la enseñanza religiosa curricular en Salta. O sea que tomando esas 2 horas 'sobrantes', podría quitarse 1 hora de Ciencias Sociales, 1 hora de Ciencias Naturales y 1 de Lengua, desde el inicio hasta el final de la Educación Primaria, y sumarlas a aquéllas. Esto garantizaría 5 horas-cátedra de EE, 1 por día, ya que, tratándose de una materia tan importante para la vida y la salud personal y social, su continuidad a lo largo de toda la semana es conveniente.

Ahora se me presenta el arduo tema de la *evaluación* de los contenidos de esta asignatura. El **art. 116, inc. e)** de la ley salteña reconoce como derecho del estudiante el ser evaluado conforme con criterios rigurosa y científicamente fundados, en todos los niveles, e informados al respecto. El artículo en cuestión suena como de seriedad indiscutible, *pero la verdad es que jamás se ha calificado de esa manera en nuestro sistema*, donde una rígida escala de 0 a 10 sirvió siempre para ubicar a las más diversas clases de niños y niñas. Se ha impugnado el manejo de las notas, considerando que un alumno nervioso puede bloquearse y no demostrar lo que sabe; que otro con más cualidades interpersonales puede desempeñarse brillantemente en un examen, pero durante el tiempo previo haber estudiado con poco compromiso. En general, los docentes empáticos tienden a evaluar de manera más completa, precisamente teniendo en cuenta personalidad, historia familiar y resultados antes obtenidos por el discípulo. *El gran problema es que la cantidad de alumnos impide u obstaculiza al docente hacer semejante análisis cada vez que evalúa.*

Rescatando lo de «científicamente fundado», es la neurociencia, de la mano con la psicología y ambas convergiendo en la llamada Inteligencia Emocional, la que puede fundar realmente la evaluación. Sobre todo, en esta materia debe considerarse que los aprendientes rinden de diversa manera, en concordancia con el hecho de que cada uno de ellos es diferente. «Uno de los secretos a voces de la psicología es la relativa incapacidad de las *notas*, el CI o las pruebas de aptitud académica (SAT) -a pesar de la mística popular- para predecir de manera infalible quién tendrá éxito en la vida» (Goleman, 1996-54; la cursiva es mía). Las notas son, como se infiere, relativas. Además, sabemos por experiencia que la ansiedad, la angustia, la depresión y otras emociones que se catalogan como negativas tienen el poder de bloquear la mente, especialmente si el alumno sabe que ese examen o esa nota tienen carácter definitivo. Riguroso sería, al evaluar, tener presentes personalidad, emociones y estados de ánimo del niño. Durante años pensé formas de evaluar, no sólo esta área sino también las lógico-matemáticas, literarias, naturales y sociales. Todas las asignaturas. La decisión sobre el modo de evaluación corresponderá al equipo curricular cuando estructure y compagine la asignatura. *Lo importante será, de todos modos, que el evaluar/calificar no represente una presión intolerable para los niños y una tensión nociva para sus padres.*

Tengo algunas ideas al respecto. Un modo posible es el de dar participación al propio niño que es evaluado. Esta manera de poner *la nota* debe ser comunicada a la clase *desde el primer día del dictado de la materia*. También creo importante distinguir el tramo primer/tercer grados, del tramo cuarto/séptimo. La idea es que la madurez que el alumno va adquiriendo se refleje incluso cuando se autoevalúe. Sugiero, asimismo, realizar una sola evaluación por período (trimestre o cuatrimestre), ya que en la composición de la nota se les indicará poner más de un asunto. Primer grado debe ser, por supuesto, muy sencillo.

Por ejemplo, a los pequeños de seis años *podría decírseles*, llegado el momento, que se den la nota que crean haber merecido desde que empezaron a conocer esta materia. Si tienen dificultades para asignársela, la maestra habrá de ayudarlos, recordándoles si estudiaron, dibujaron o participaron en las diversas actividades cumplidas. La nota que se autoasigne el niño -y será la que luzca en la libreta- tendrá mucho que decir al docente: allí puede reflejarse una personalidad tímida, una autoestima alta, cierta dosis de desconfianza u otras características del niño a ser tenidas en cuenta. A partir de segundo grado, una vez que el alumno se haya calificado, dependiendo del tamaño del grupo (por ejemplo, si el grado cuenta con quince o veinte estudiantes) se podrá someter la nota autoobtenida a los demás compañeros, en asamblea (durante una hora de EE): si todos los niños la aceptan, queda esa nota para la libreta; si hay oposiciones, se escuchará al compañero que piensa diferente y, finalmente, la maestra decidirá. La ventaja de este modo radica en que los niños captarán cómo son percibidos por sus compañeros. Ello hasta tercer grado inclusive.

Desde cuarto se podría implementar una variante: el discípulo se autoevalúa y también lo evalúa su compañero de banco. Si no se sientan de a dos, el docente formará las parejas para construir la nota. Conviene que el niño A trabaje por lo suyo con el compañero B; pero B, al gestionar su propia nota, trabaje con C; a su vez C, con D. Sería interesante que estas parejas se formen y conozcan desde el principio, para que cada miembro del dúo esté consciente del desempeño del otro. Si hay divergencia en evaluación: por ejemplo,

A se puso 10 y B le atribuye 8, la diferencia podrá discutirse en asamblea. El docente es el juez final, si en asamblea continúa la diferencia.

Este procedimiento se ofrece como alternativa a lo que *en la actualidad ocurre con las calificaciones de los alumnos de primaria*. Mi auténtica idea, acorde con el tema tan delicado que roza la asignatura, es que ***no debería evaluarse ni calificarse con notas***, porque los guarismos resultan estrechos para contener el torrente emocional y cognitivo que, se supone, la EE debería despertar. Hablo de *números* frente a *vida en movimiento y al estado evolutivo de cada estudiante*. Sí propongo que en el cuaderno específico se pueda asentar de vez en cuando una observación cariñosa, de lenguaje cuidado, transmitiendo que el trabajo del pequeño o la pequeña va bien, o que es necesario ajustar un poco alguna tarea, etcétera. La idea es que el corazón del niño / de la niña esté abierto, sin bloqueos provenientes del entorno del aula. La evaluación también puede hacerse de viva voz frente a los padres del estudiante.

Por cierto, el tema «evaluación» es el que más espinoso ha sido siempre para mí; por ello, considero que ni siquiera para este trabajo la idea es definitiva: sólo se trata de algo provisorio.

Maestros: capacitación

En el Capítulo Puente toqué el tema de los docentes (*maestros y maestras*, en la primaria). Di conceptos sobre cómo entiendo el mejor perfil que pueden tener y hablé, sobre todo, de que *su pasión por enseñar ha de apoyarse en la investigación permanente y en la responsabilidad*. Allí también transcribí una crítica relativa a cómo son los maestros actuales en nuestro país, por el corto tiempo que deben prepararse para hacerse cargo de grado, por su apatía general, por su indiferencia hacia el daño que las luchas sindicales -cuando no se dictan las clases- generan en sus alumnos, por su focalización en la problemática económica y por la precariedad de

210

su capacitación. Sostuve, mucho antes de esta publicación, la necesidad de convertir la *docencia primaria* en carrera universitaria, pero cuando una propuesta legislativa similar se lanzó en 2017 en Buenos Aires, los gremios pusieron el grito en el cielo. No entraré aquí ni ahora en el análisis de las muchas causas de esta situación (visibles e invisibles), pero es lamentable ver cómo las estadísticas locales, nacionales e internacionales siguen demostrando que nuestra educación se encuentra en real estado de emergencia. Lo trágico es que no se puede, ante el fracaso escolar de un niño (fracaso real, porque no aprende a leer ni a comprender consignas ni a resolver operaciones simples de aritmética), determinar quién fue la maestra o el maestro que tuvo la responsabilidad de su no avance o progreso. En general, la responsabilidad docente se encuentra diluida.

No obstante, la tesis-base de este libro participó de la naturaleza de las utopías y por ello voy a partir de la premisa de maestros apasionados, capacitándose siempre para ser mejores docentes. Y llego al punto nodal: los maestros que enseñen los rudimentos de la inteligencia emocional deberán estar *específicamente* entrenados y capacitados para poder transmitir estos contenidos aún inusuales. Así como cualquier maestro está actualmente preparado para dictar clases en todas las áreas cognitivas de la primaria, en principio *todos ellos* tendrían que estar científicamente capacitados para asumir el dictado de EE. Sin embargo, tengo la seguridad de que, antes o después, la carrera docente acabará siendo universitaria y poseerá especialidades en las áreas de lengua, matemáticas, naturales, sociales *y emocionales*. Los docentes universitarios deberán ser médicos, biólogos y psicólogos, mínimamente. Pero mientras la carrera no exista salvo a nivel terciario, el Estado, cuyo nuevo rol exige un compromiso ético y de políticas públicas en este tema (si no queremos que Hobbes tenga razón y finalmente nos extingamos por la guerra de todos contra todos), será el respectivo Ministerio el que deba encarar cursos serios de capacitación, dictados por los mismos profesionales que acabo de citar.

Las leyes de educación vigentes tienen en cuenta la calidad de la educación, para lo cual establecen que el Estado está obligado a ocuparse de la formación docente. La ley de Salta encarga al ministerio respectivo crear las condiciones para lograr la más alta calidad posible en la educación a impartir (art. 93), interesando su **inciso b,** que incorpora la orientación vocacional previa a la carrera de Formación Docente, y el **inciso c**, al establecer la profesionalización de los recursos humanos atendiendo a su formación, capacitación y perfeccionamiento. Entre los **arts. 81** y **86** propone una serie de políticas, empezando por considerar la formación para la educación primaria, como superior; con dos ciclos -uno básico y común y otro especializado- estructurantes de la Formación Docente. Propone jerarquizar en serio dicha clase de formación. **Hoy se dicta la carrera de Formación Docente como superior no universitaria, en institutos terciarios, con duración de cuatro años (edición 2022 de esta obra).**

Comunidad educativa

Este colectivo designa al grupo formado por los directivos de una escuela, sus docentes y alumnos, padres, exalumnos y auxiliares de la docencia, e instituciones vinculadas con el establecimiento educativo. Sus actividades en apoyo de la escuela (organización y gestión) se realizan según la ley; también se cuenta con ella para la mejora de la calidad educativa (art. 114, Ley 7.543). Lo importante es que no se afecte el ejercicio de la responsabilidad directiva y docente.

Por ser necesario para este trabajo, recordaré que los **arts. 119/121** de la ley salteña tratan sobre los derechos y deberes de *padres, madres y tutores*, a quienes se reconocen los derechos de los Pactos, las constituciones y esa ley. El **art. 120** los denomina *agentes naturales y primarios de la educación*; por ello, pueden elegir la institución educativa que responda a su ideario filosófico, ético o religioso. Tienen derecho a ser informados periódicamente de la evolución y evaluación de sus hijos o representados. Dentro del proyecto educativo institucional (PEI) pueden participar en actividades escolares, en forma individual o mediante las cooperadoras escolares.

Es curioso que las leyes necesiten definir y describir situaciones que antes se daban por descontadas pues estaban implícitas en el hecho de ser alumno, docente, padre o directivo. Desde que en las últimas décadas (desde el regreso de la democracia, diciembre de 1983) se relajaron las relaciones de autoridad, se ha tornado necesario recordar los deberes de cada cual. En relación con las obligaciones de los padres tomaré las que corresponden a seguir y apoyar el proceso educativo de sus niños, y a hacer que éstos respeten la autoridad pedagógica del docente, las normas convivenciales de su escuela, la libertad de conciencia, dignidad, integridad e intimidad de los miembros de la comunidad educativa (**art. 121, incs. c, d y e**). Si consideramos que el **art. 123** incluye en la comunidad educativa al personal administrativo y a los profesionales del gabinete psicopedagógico, se puede concluir que al principio de la incorporación de la materia EE, sea como curricular o dentro de las áreas que se analizaran, e incluso antes de ello, es posible reunir a dichos padres y tutores y en breves encuentros, tal vez semanales, ir explicándoles de qué se trata «lo que viene». Al principio, los psicopedagogos pueden estar en las mejores condiciones, dentro de la escuela, para dar esas informaciones. *La idea es que los adultos convocados a tales reuniones puedan apoyar desde el hogar el trabajo que se esté cumpliendo en la escuela.* Es importante la labor de extensión hogareña que ellos pueden realizar, y siempre es posible que, de entre aquellos adultos, pueda surgir la posibilidad de integrar grupos de estudio y encarar tareas de aplicación de los nuevos conocimientos. Pienso que resultará provechosa la incorporación de la comunidad al dictado de EE, por la posibilidad de retroalimentación escuela-hogar-sociedad que ofrecería.

213

BIBLIOGRAFÍA

ALEXY Robert, «Teoría del discurso y derechos humanos», trad. Luis Villar Borda, Universidad Externado de Colombia, Bogotá (Colombia), 1995

ALEXY Robert, «Teoría de los derechos fundamentales», trad. Ernesto Garzón Valdés, Centro de Estudios Políticos y Constitucionales, Madrid (España), 3ª reimpresión de la 1ª edic.: 2002

ALLIAUD Andrea – ANTELO Estanislao, «Los gajes del oficio. Enseñanza, pedagogía y formación», Aique, Buenos Aires (Argentina), 2009

AMIEL Anne, «Hanna Arendt. Política y acontecimiento», trad. Rogelio C. Paredes, Nueva Visión, Buenos Aires (Argentina), 2000

ANDER-EGG Ezequiel, «Globalización. El proceso en el que estamos metidos», Brujas, Córdoba (Argentina), 2004

ANDREIS DI LORENZO Mirta Norma, «Derechos humanos y violencia de género»: http://portal.educ.ar/debates/eid/docenteshoy/derechos-humanos-y-violencia-degenero.php

ARENDT Hanna, «Eichmann en Jerusalén», trad. Carlos Ribalta, Lumen – Edición de Bolsillo, Barcelona (España), 2008

ARENDT Hanna, «La condición humana», trad. Ramón Gil Novales, Paidós, Buenos Aires (Argentina), 1ra. edición argentina: 2003

ARISTÓTELES, «El hombre como animal político», no indica autor, procede de «La sangre del león verde», Divulgación Filosófica y Pensamiento Libre, del 14-06-12: file:///F:/Arist%C3%B3teles%20el%20hombre %20como%20anmal%20pol% C3%ADtico%20 _%20La%20Sangre%20del%20Le%C3% B3n%20 Verde.html.

AUSUBEL David, «Biografías y Vidas». La enciclopedia biográfica en línea: https://www. biografiasyvidas.com/biografia/a/ ausubel.htm. No indica autor.

BACHRACH Estanislao, «Celebrando las emociones», conferencia dictada en el Colegio San Pablo, 06 de agosto de 2019, Salta (Argentina), 2019

BALANDIER George, «El desorden. Teoría del caos y las ciencias sociales. Elogio de la fecundidad del movimiento», trad. Beatriz López, Gedisa, Barcelona (España), 1994

BAUMAN Zygmunt, «*Danos colaterais*», no indica traductor desde la edición inglesa de 2011, 1ra. edición en lengua portuguesa, Jorge Zahar Editor Ltda., Río de Janeiro (Brasil), 2013. Mi traducción

BAUMAN Zygmunt, «Amor líquido», trad. Mirta Rosemberg y Jaime Arrambide, FCE, Buenos Aires (Argentina), 2007

BERGMAN Sergio, «Celebrar la diferencia. Unidad en la diversidad», Ediciones B, Buenos Aires (Argentina), 2009

BERNSTEIN Richard J., «El mal radical. Una indagación filosófica», trad. Marcelo G. Burello, Lilmod, Buenos Aires (Argentina), 1ra. edic. en América Latina: 2005

BEUCHOT Mauricio, «Derechos Humanos. Historia y filosofía», Fontamara, D.F. México (México), 2004

BEUCHOT Mauricio, «Filosofía y Derechos Humanos (Los derechos humanos y su fundamentación filosófica)», Siglo XXI, México DF (México), 1993

BEVIONE Julio, «¡Activa tu GPS! El alma, tu GPS interior, es la guía más sabia para mostrarte el camino», Urano, Barcelona (España), 2017

BISQUERRA Rafael (Coord.), «¿Cómo educar las emociones? La inteligencia emocional en la infancia y la adolescencia», Edición Faros Sant Joan de Déu, Cuaderno 6, Barcelona (España), 2012. Puede verse en: http://www.faroshsjd.net/item.php?id=2232- &lang=1

BISQUERRA ALSINA Rafael, «La inteligencia emocional según Salovey y Mayer». Ver en: www.rafaelbisquerra.com/es/ inteligencia-emocional/inteligencia-emocional-según-salovey - mayer.html

BOBBIO Norberto, «El tercero ausente», trad. Pepa Linares, Cátedra, Madrid (España), 1997

BOBBIO Norberto, «El tiempo de los derechos», no figura trad., Ed. Sistema, Madrid (España) 1991

BOURDIEU Pierre, «Intelectuales, política y poder», trad. Alicia Gutiérrez, Eudeba, Buenos Aires (Argentina), 1999

BOURDIEU Pierre, «La escuela como fuerza conservadora: desigualdades económicas y culturales», en Antología Básica «Construcción social del conocimiento y teorías de la educación», UPN, México DF (México), 1994

BOURDIEU Pierre, «Poder, derecho y clases sociales», traductores varios, Desclée de Brouwer, Bilbao (España), 2ª edición: julio de 2001

BOURDIEU Pierre - PASSERON Jean Claude, «La Reproducción. Elementos para una teoría del sistema de enseñanza». No indica trad., Fontamara, México D.F. (México), 1996

BOURDIEU Pierre, acerca de: «Teoría de la reproducción de Pierre Bourdieu», no indica autor, 28/08/05. Ver en: http:/rovarela.blog spot.com.ar/2005/08/teora-de-la-reproduccin-de-pierre_ 28.html

BOVAZZI Fabiana, «Neuroeducación infantil. Una ventana al futuro», Bonum, Buenos Aires (Argentina), 2016

BURBULES Nicholas C., «El Diálogo en la Enseñanza: Teoría y Práctica», trad. Eduardo Sinnott, Amorrortu Editores, Buenos Aires (Argentina), 1999

CAMPS Victoria - GINER Salvador, «Manual de civismo», Ariel, Madrid (España), 1998

CAPRA Fritjof, «El punto crucial», trad. Graciela de Luis, Troquel, Buenos Aires (Argentina), 1998

CAPRA Fritjof, «El tao de la física», trad. Alma Alicia Martell Moreno, Sirio, Málaga (España), 1997

CARBONARI María Rosa (Universidad Nacional de Río Cuarto, Córdoba), «Tres congresos (1882-1934-1988), tres modelos educativos, tres tipos de Estado. La expresión de la sociedad civil y los actores involucrados en la construcción de la hegemonía en la política educativa», expuesto en el VI Encuentro Corredor de las Ideas del Cono Sur «Sociedad Civil, Democracia e Integración», Montevideo, 11, 12 y 13 de marzo de 2004: www.corredordelasideas.org/docs/sesiones/.../maria_rosa_ carbonari.doc

CÁRCOVA Carlos María, «La opacidad del derecho», Trotta, Madrid (España), 1998

CASTELLS Manuel – FLECHA Ramón – FREIRE Paulo – GIROUX Henri – MACEDO Donaldo – WILLIS Paul, «Nuevas perspectivas críticas en educación», Paidós, Barcelona (España), 1994

CASTORIADIS Cornelius, «La institución imaginaria de la sociedad», Vol.2: «El imaginario social y la institución», trad. Marco-Aurelio Galmarini, Tusquets, Buenos Aires (Argentina), 2003

CASTRO CARBONI Nino-CAMPOS VILLALOBOS Ginnette-LÓPEZ CASTILLO Cinthia, «Neurobiología y tratamiento del trastorno de estrés posttraumático», en https://www.scielo.sa.cr/scielo.php?script=sci_arttext&p id=S1409-00152003000 200002, Costa Rica, 2003. Visitada en mayo de 2020.

CASTRO-GÓMEZ Santiago, «La hydra de tres cabezas», conferencia en Universidad Autónoma de Barcelona, Barcelona (España), jueves 27 de marzo de 2008. Ver en: https://www.youtube.com/ watch?v=9jLBp-Ad1JA

CASTRO-GÓMEZ Santiago – MENDIETA Eduardo (Ed.), «Teorías sin disciplina (latinoamericanismo, poscolonialidad y globalización en debate)», Porrúa, México DF (México), 1998

COMAHUE: III ENCUENTRO CEAPEDI – COMAHUE, «Encuentro Internacional del Colectivo Modernidad/Colonialidad – Patagonia 2012», Universidad del Comahue, Neuquén (Argentina), 9/12 de octubre de 2012

CORBERA Enric, «El soñador del sueño. El héroe interior», El grano de mostaza, Barcelona (España), primera reimpresión de la primera edición: 2018

CORBERA Enric, «Yo soy tú. La mente no dual», El grano de mostaza, Barcelona (España), 2016

CORTINA Adela, «La ética de la sociedad civil», Anaya, Madrid (España), 1994

CORTINA Adela, «Aporofobia, el rechazo al pobre», Paidós, Buenos Aires (Argentina), 2017

CRESPO Mariano, «Un capítulo de la crítica de la razón afectiva. El análisis de las disposiciones de ánimo según Alexander Pfänder», Pensamiento: Revista de Investigación e Informática Filosófica, volumen 65, nº 245 (2009), Universidad Pontificia. ICAI-ICADE, Comillas, Madrid (revistas.upcomillas.es/index.php/pensamiento/article/view/2715)Consulta: 09/01/2018

CULLEN Carlos, «Crítica de las razones de educar. Temas de filosofía de la educación», Paidós, Buenos Aires (Argentina), 1ª edición: 1997, 2ª reimpresión: 2000

CHUKWUDI EZE, EMMANUEL *et al.*, «El color de la razón: racismo epistemológico y razón imperial», Ediciones del Signo, Buenos Aires (Argentina), 2008

DAMÁSIO António, «El marcador somático: emoción-sentimiento», video en www.youtube.com/watch?v= JQVCgr5xL8

DAMÁSIO António, «*Descartes' Error. Emotion, reason, and the human brain*», 1a. Ed. E.U.A, 1994; Penguin Book (EUA) 2005; versión en inglés en Amazon Kindle de la autora: su traducción.

DAMÁSIO António, «*Self comes to mind*», Copyright © Antonio Damásio 2010, Random House eBooks, London, Great Britain, www.randomhouse.co.uk. Amazon Kindle de la autora: su traducción.

DANDOIS Marina, «Los bienes humanos básicos y la fundamentación del derecho. Un estudio de la propuesta de John Finnis»:https://dikaion.unisabana.edu.co/index.php/dikaion/ article/view/4269/3661

DAWKINS Richard, «El gen egoísta. Las bases biológicas de nuestra conducta», trad. Juana Robles Suárez, Tola Alonso, José Tola, Salvat Editores, Barcelona (España), 1985

DAY Christopher, «Pasión por enseñar. La identidad profesional del docente y sus valores», trad. Pablo Manzano, Narcea, Madrid (España), 2006

DE PABLO Juan Carlos, para Diario La Nación, «*About Raúl Federico Prebisch Linares*», abril de 2016: https://www.geni.com/people/ Ra%C3%BAl-Federico-Prebisch-Linares/6000 000002873349428. Administrado por Carlos F. Bunge, última actualización: 23/11/ 14.

DERRIDA Jacques, «Fuerza de ley. El 'fundamento místico de la autoridad'», trad. Adolfo Barbera y Patricio Peñalver Gómez, Tecnos, Madrid (España), segunda reimpresión de la 1ª. edición: 2002

DESCOMBES Vincent, «Lo mismo y lo otro. Cuarenta y cinco años de filosofía francesa (1933-1978)», trad. Elena Benarroch, Cátedra, Madrid (España), 1998

DE RUI BEISIEGEL Celso, «Observaciones sobre la teoría y la práctica en Paulo Freire», Universidad de Sao Paulo, Brasil. Puede consultarse en: http://www.hottopos.com/mirand7/ observaciones_ sobre_la_teoria_y_.htm

DE TORO Alfonso (ed.), «Cartografías y estrategias de la 'postmo- dernidad' y la 'postcolonialidad' en Latinoamérica. 'Hibridez' y 'Globalización'», Iberoamericana-Vervuert, Madrid (España), 2006

DÍAZ Esther – HELER Mario, «El conocimiento científico - Hacia una visión crítica de la ciencia», Vol. II, Eudeba, Buenos Aires (Argentina), 1999

DÍAZ-SALAZAR VALDÉS Marina – ASUAR ARTEAGA Lucía, «Pedagogías no institucionales: la desescolarización, Iván Illich», publicado 30-05-16: https://issuu.com/luisa vera-nodiaz/doc/ pedagog_as_no_institucionales_ivan.

DONNELLY Jack, «Derechos Humanos Universales. En la teoría y en la práctica», trad. Ana Isabel Stellino, Gernika, México D.F. (México), 1994

DOUGLASS Frederick, «Relato de la vida de un esclavo americano», trad. Fernando Mateo, Centro Editor de América Latina, Buenos Aires (Argentina), 1978

DU BOIS William, «Las almas de la gente negra». Ver en: http:// ar.geocities.com/obserconflictos/dubois.html

DUSSEL Enrique, «Cultura imperial, cultura ilustrada y liberación de la cultura popular», Apéndice en «Filosofía ética latinoa mericana. De la erótica a la pedagógica». Ver en http:// enriquedussel.com/txt/22.Filosofia_etica_VI.pdf.

DUSSEL Enrique, «1492. El encubrimiento del Otro. Hacia el origen del mito de la modernidad», Conferencias de Frankfurt, octubre de 1992, Plural Editores, La Paz (Bolivia), 1994

DUSSEL Enrique, «Meditaciones anti-cartesianas: sobre el origen del anti-discurso filosófico de la modernidad», Tabula Rasa, No.9, Bogotá (Colombia), julio-diciembre 2008

ECHEVERRÍA Rafael, «Ontología del lenguaje», Granica, Buenos Aires (Argentina), 2001

EDUCACIÓN EN CIFRAS en Salta, Unicef.pdf-Adobe Reader. Puede verse en: www.edusalta.gov.ar

EISLER Riane, «El cáliz y la espada. La alternativa femenina», trad. Renato Valenzuela M., Cuatro Vientos-Martínez de Murguía Editores, Madrid (España), 1990

ELIAS Norbert, «La sociedad de los individuos», trad. José Antonio Alemany, Península, Barcelona (España), 1990

ESCOBAR Arturo, «Más allá del Tercer Mundo. Globalización y diferencia», ICAeH, Universidad del Cauca, Bogotá (Colombia), 2005

FENSTERMACHER Gary D. - SOLTIS Jonas F., «Enfoques de la enseñanza», trad. Alcira Bixio, Amorrortu, Madrid (Epaña),1998

FERNÁNDEZ Alicia, «La inteligencia atrapada», Nueva Visión, Buenos Aires (Argentina), 1993

FERNÁNDEZ Ana María, «La mujer de la ilusión», Paidós, Buenos Aires (Argentina), 2003

FERNANDEZ BERROCAL Pablo – EXTREMERA PACHECO Natalio, «La inteligencia emocional y la educación de las emociones desde el modelo de Mayer y Salovey», Málaga (España), 2005: Emotional.intelligence.uma.es/documentos/PDFG1Modelo_ de_Mayer_ Salovey.pdf

FERNÁNDEZ BEITES Pilar, «Razón afectiva y valores: más allá del subjetivismo y el objetivismo», Anuario Filosófico de la Uni- versidad de Navarra (España), volumen 45, nº 1, 2012: www.unav.edu/publicaciones/revistas/index.php/anuario- filosofico

FERRAJOLI Luigi, «Derechos y garantías. La ley del más débil», trad. Perfecto Andrés Ibáñez y Andrea Greppi, Trotta, Madrid (España), 1999

FERRAJOLI Luigi, «Los fundamentos de los derechos fundamen tales», trad. Perfecto Andrés Ibáñez, Antonio de Cabo, Miguel Carbonell, Lorenzo Córdova, Marcos Criado y Gerardo Pisarello, Trotta, Madrid (España), 2001

FERRER SIEKHINA Gustavo-HARRY Corina, «Creando armonía en el caos. El puente entre Lo Nuevo y Lo Viejo», Nueva Generación, Buenos Aires (Argentina), 2007

FERRERES Aldo-ABUSAMRA Valeria, «Neurociencias y educación», Paidós, Buenos Aires (Argentina), 2019

FILMUS Daniel, «Estado, sociedad y educación en la Argentina del fin de siglo», Troquel, Buenos Aires (Argentina), 1996

FINKEL Donald, «Dar clase con la boca cerrada», trad. Oscar Barberá, Universitat de Valencia, Valencia (España), 2008

FLACHSLAND Cecilia, «Pierre Bourdieu y el capital simbólico», Campo de Ideas, Madrid (España), 2003

FLAQUER Lluis, «La estrella menguante del padre», ArieL., Barcelona (España), 1999.

FOLGARIT Alejandra – MERELLO Marcelo, «Historias del Cerebro», Debate, Buenos Aires (Argentina), 2ª. edic.: 2013

FOUCAULT Michel, «Vigilar y Castigar. Nacimiento de la prisión», trad. Aurelio Garzón del Camino, Siglo XXI Editores, Buenos Aires (Argentina), 2002

FRANKL Víctor E., «El hombre en busca de sentido», trad. de Diorki, Herder, Barcelona (España), 1996

FREIRE Paulo, «Cartas a quien pretende enseñar», trad. Stella Mastrangelo, Siglo Veintiuno Editores, Buenos Aires (Argentina), 1ª edición, 1ª reimpresión: 2003

FREIRE Paulo, «El grito manso», no indica trad., Siglo XXI, Buenos Aires (Argentina), 2003

FREIRE Paulo, «¿Extensión o comunicación? La concientización en el medio rural», trad. Lilién Ronzoni, Siglo XXI, Buenos Aires (Argentina), 1973

FREIRE Paulo, «La educación como práctica de la libertad», trad. Lilién Ronzoni, Siglo XXI, Buenos Aires (Argentina), 2ª edición arg.: 2008, impreso en noviembre de 2010- a

FREIRE Paulo, «Pedagogía de la esperanza - Un reencuentro con la *pedagogía del oprimido*», trad. Stella Mastrangelo, Siglo XXI, Buenos Aires (Argentina), julio de 2011

FREIRE Paulo, «Pedagogía del oprimido», trad. Jorge Mellado, Siglo XXI, Buenos Aires (Argentina), 2ª. edición argentina: 2008, impreso en diciembre de 2010- b

FREIRE – II ENCUENTRO INTERNACIONAL PAULO FREIRE: «La educación popular como práctica de descolonización», Instituto Superior del Profesorado Sagrado Corazón-Almagro, Buenos Aires (Argentina), 10/12 de setiembre de 2015

FRIGERIO Graciela (Comp.) - BRASLAVSKY Cecilia - ENTEL Alicia - LIENDRO Elizabeth - LANZA Hilda, «Currículum presente, ciencia ausente. Normas, teorías y críticas», Tomo 1, Flacso, Miño y Dávila Editores, Buenos Aires (Argentina), 1991

FRIGERIO Graciela – DIKER Gabriela (comps.), «Educar: figuras y efectos del amor», Fundación La Hendija, Paraná, Entre Ríos (Argentina), 2011

FROMM Erich, «El arte de amar», trad. Noemí Rosenblatt, Paidós, Buenos Aires (Argentina), 1991

FROMM Erich, «¿Tener o ser?», trad. Carlos Valdés, FCE, Buenos Aires (Argentina), 2005

FUSTER Joachim – PUNSET Eduard, «Redes 110: El alma está en la red del cerebro-Neurociencia», video en www.youtube.com/ watch?v=jgTH2Sb5pys-

GAETA Rodolfo – GENTILE Nélida, «Thomas Kuhn – De los paradigmas a la teoría evolucionista», Universidad Nacional de Buenos Aires, Oficina de Publicaciones del CBC, Buenos Aires (Argentina), 1ª edición: agosto de 1995

GALEANO Eduardo, entrevista a «Galeano el sentipesante». Puede verse en :
http://sentipensamiento.blogspot.com.ar/

GALINDO ALMANZA Sergio, «La intuición en la investigación científica», Revista de Cultura Científica Facultad de Ciencias, Universidad Nacional Autónoma De México https:// www.revistaciencias.unam.mx/es/196-revistas/revista-ciencias47/1868-la-intuici%C3%B3n-en-la-investigaci%C3%B3n cient%C3%ADfica.html
224

GARCIA ARETIO Lorenzo – RUIZ CORBELLA Marta – GARCÍA BLANCO Miriam, «Claves para la educación. Actores, agentes y escenarios en la sociedad actual», Narcea – UNED, Madrid (Es paña), 2009

GARCÍA HOZ Víctor, «Dos pedagogías: Poveda y Freire», Docencia, Buenos Aires (Argentina), 1981

GARDNER Howard, «Educación artística y desarrollo humano», trad. Ferran Meler-Ortí, Paidós, Barcelona (España), 1994

GARDNER Howard, «La mente no escolarizada. Cómo piensan los niños y cómo deberían enseñar las escuelas», trad. Ferran Meler-Ortí, Paidós, Buenos Aires (Argentina), 1997

GERULA Ricardo Luis, «Energía Radiante», Cristal, Buenos Aires (Argentina), 2ª. edición: diciembre de 1991

GHERSI Carlos A., «La posmodernidad jurídica», LL 1997-C-1075

GIMÉNEZ Gilberto, «La sociología de Pierre Bourdieu», UNAM, www.paginasprodigy. com/peimber/bourdieu.pdf

GIMENO SACRISTÁN, José, «En busca del sentido de la educación», Morata, Madrid (España), 2013

GIROUX Henry A., «Teorías de la reproducción y la resistencia en la nueva sociología de la educación: un análisis crítico», trad. Raquel Serurl, *Cuadernos Políticos*, número 44, Editorial Era, México D. F., julio-diciembre de 1985, pp. 36-65: http:// www.cuadernospoliticos.unam.mx/cuadernos/contenido/ CP.44/cp.44.6.%20HenryAGiroux.pdf

GOLDBERG Philip, «La dimensión intuitiva», trad. Alejandro Tiscornia, Sudamericana, Buenos Aires (Argentina), 1991

GOLEMAN Daniel, «*Destructive Emotions and how we can overcome them. A dialogue with the Dalai Lama*», Bloomsbury, United Kingdom, 2004

GOLEMAN Daniel, Seminario «Foco e Inteligencia Emocional», 14 de setiembre de 2019, Buenos Aires (Argentina), 2019

GOLEMAN Daniel, «La inteligencia emocional. Por qué es más importante que el cociente intelectual», trad. Elsa Mateo, Javier Vergara Editor, Buenos Aires (Argentina), 1996

GOPNIK Alison – MELTZOFF Andrew N. – KUHL Patricia K., *«The scientist in the crib. What early learning tell us about the mind»*, HarperCollins Publishers, New York (USA), 2000

GROSFOGUEL Ramón, «Hacia un pluri-versalismo transmoderno decolonial», Revista Tabula Rasa, nº 9, pp. 199/215, Bogotá (Colombia), julio-diciembre 2008

GVIRTZ Silvina – GRINBERG Silvia – ABREGÚ Victoria, «La educación ayer, hoy y mañana. El ABC de la Pedagogía», Aique, Buenos Aires (Argentina), 1ª edición, 1ª reimpresión, 2008

GVIRTZ Silvina - PALAMIDESSI Mariano, «El ABC de la tarea do- cente: currículum y enseñanza», Aique, Buenos Aires (Argentina), 1ª edición 1998, 1ª reimpresión, 2008

HAY Louise L., «Usted puede sanar su vida», trad. Marta I. Gusta- vino, Ed. Urano, Barcelona (España), 1989

HERRERO Félix, «Ética y moral», Terceras Jornadas de Formación Ética y Ciudadana, P.I.497, CIUNSA, Salta (Argentina), julio de 1997

HERRERO Violeta Graciela, «Dimensión social de la afectividad. Ética y política. Una aproximación actual a los Derechos Huma- nos», Maktub, Salta (Argentina), 2007

HERRERO Violeta Graciela, «Retorno a la afectividad. El camino de la alfabetización emocional», Gofica Editora, Salta (Argentina), 2003

HITLER Adolf, *«Mein kampf», «The Ford Translation*: 65 años después de la Segunda Gran Guerra», traducido y editado por Michael Ford y Elite Minds Inc., no indica lugar,

2009/2010. Traducción Ford –inglés- en Amazon Kindle de la autora

HOYOS SÁNCHEZ Inmaculada, «Aproximación a una razón afectiva desde la Ética de Spinoza», Daimon Revista Internacional de Filosofía, Suplemento 4, 2011, 277-283. revistas.um.es/ daimon/article/view/152381.

HUNT Lynn, «Orígenes revolucionarios de los derechos humanos», trad. de Marta Gegúndez, Revista Istor, http://www.istor.cide.edu/archivos/num_19/dosier3.pdf.

IACOBONI Marco, «Las neuronas-espejo», trad. por Isolda Rodrí guez Villegas, Katz, Buenos Aires (Argentina), 2da. reimpresión de la primera edición: 2012

ICEI 2015: «V Congreso Internacional de Inteligencia Emocional», Buenos Aires (Argentina), 16/19 de setiembre de 2015

ICEI 2017: «6th International Congress on Emotional Intelligence», Oporto (Portugal), 19/22 de Julio de 2017

ICEI 2019: «7th International Congress on Emotional Intelligence», Perth-Fremantle (Australia), 14/17 de julio de 2019

ILLICH Iván, «En América Latina ¿para qué sirve la escuela?», Búsqueda, Buenos Aires (Argentina), 1973

ILLICH Iván, «La sociedad desescolarizada», México, 1985, PDF, http://www.mundo. libertario.org/archivos/documentos/ IvnIllich_lasociedaddesescolarizada.pdf

IMMORDINO YANG Mary Helen, «Emociones, aprendizaje y el cerebro», no indica traductor; prólogo de Howard Gardner y epílogo de Antonio Damásio, Aique, Buenos Aires (Argentina), 2017

JUNG Carl Gustav, «Arquetipos e inconsciente colectivo», trad. Miguel Murmis, Paidós, Barcelona (España), 1997

JURADO HERNÁNDEZ <u>Jorge Aldo,</u> "Goce y pulsión escópica. Un esbozo sobre la mirada", www.psicomundo.com /mexico/artículos/jurado.htm

KANDEL Eric R., «En busca de la memoria. El nacimiento de una nueva ciencia de la mente», trad. Elena Marengo, Katz, Buenos Aires (Argentina), 2007

KOVADLOFF Santiago, «El enigma del sufrimiento», Emecé, Buenos Aires (Argentina), 2008

LACAN Jacques, «El seminario – Libro 11 – Los cuatro conceptos fundamentales del psicoanálisis – 1961. Texto establecido por Jacques Allain Miller», trad. de Juan Luis Delmont – Mauri y Lulieta Sucre, Paidós, Barcelona (España), 1997

LANDER Edgardo (comp.), «La colonialidad del saber: eurocen- trismo y ciencias sociales. Perspectivas latinoamericanas», FLACSO, Buenos Aires (Argentina), 2003

LEVI-MONTALCINI Rita, «Sólo existe una raza: la humana». Puede consultarse en: http://www.lainsignia.org/2008 /julio.cultr5

LIPINA Sebastián, «Pobre cerebro. Los efectos de la pobreza sobre el desarrollo cognitivo y emocional, y lo que la neurociencia puede hacer para prevenirlos», Siglo XXI, Buenos Aires (Argentina), 2016

LOHMANN Robin, «Los siete regalos de la memoria», trad. Juan José del Solar, Urano, Barcelona (España), 1ra. edición: enero de 2014

LÓPEZ Claudia, «La intuición y la matemática», www.palermo. edu/ ingenieria/downloads/ CyT6/6CyT% 2004.pdf

LOPEZ ROSETTI Daniel, «Emoción y sentimientos», Planeta, Buenos Aires (Argentina), 1ª edición: 2017

LYOTARD Jean-Francois, «La condición postmoderna», trad. Mariano Antolín Rato, Ed. R.E.I. Argentina S.A., Buenos Aires (Argentina), 1995

MAC-MILLAN Mary, Constitución de un sujeto sobreviviente: Una lectura a la poesía de Tomás Harris https://books.ggle.com.ar/books?id=LfjgCQAAQBAJ&pg=PT32&lpg=PT32&dq=%22fabricaci%C3%B3n+de+cad%C3%A1vres%22&source=bl&ots=rqgEj2PvdH&sig=ACfU3U3f TwBz_wsl39hT95vbAp6INEpcbQ&hl=en&sa=X&ved=2ahUKE wjb6qGX15zkAhWJHbkGHTK OBxgQ6AEwA3oECAcQAQ#v= onepage&q&f=false

MAFFESOLI Michel, «El nomadismo. Vagabundeos iniciáticos», trad. Daniel Gutiérrez Martínez, FCE, México DF (México), 2004

MAFFESOLI Michel, «El tiempo de las tribus», trad. Daniel Gutiérrez Martínez, Siglo XXI, México DF (México), 2004

MALAISI Lucas J.J., «Modo creativo. Educación emocional del adulto», Educación Emocional Argentina, San Jun (Argentina), 2014

MANES Facundo – NIRO Mateo, «Usar el cerebro. Conocer nuestra mente para vivir mejor», Planeta, Buenos Aires (Argentina), 11ª edición: 2014

MANES Facundo – ROCA María, «Descubriendo el cerebro. Neurociencia para chicos (y grandes)»; diseño gráfico de interior: Carolina Cortabitarte y Mariana Valladares, Planeta, Buenos Aires (Argentina), 1ra. edición: abril de 2017

MANES Facundo, conferencia previa al Seminario «Foco e Inteligencia Emocional» –dictado por Daniel Goleman-, 14 de setiembre de 2019, Buenos Aires (Argentina), 2019

MANFRONI Carlos A. – VILLARRUEL Victoria E., «Los otros muertos. Las víctimas civiles del terrorismo guerrillero de los 70»,Sudamericana, Buenos Aires (Argentina), 3ra. edición: mayo de 2017

MARÍ Enrique Eduardo, «La problemática del castigo. El discurso de Jeremy Bentham y Michel Foucault», Hachette, Buenos Aires (Argentina), 1983.

MARTÍ José, «Nuestra América», Publicado en *La Revista Ilustrada de Nueva York*, Estados Unidos, 10 de enero de 1891, y en *El Partido Liberal*, México, 30 de enero de 1891. Puede verse en: http://biblioteca.clacso.edu.ar/libros/osal/osal27/14Marti.

MARTIN Howard, «La ciencia del corazón». Es posible consultar en: http://www.coherenciacardiaca.es/coherencia.pdf

MARUSO Stella Maris, en colaboración con FERNÁNDEZ Nora y PODESTÁ Verónica, «El laboratorio del alma – Historias para sanar que merecen ser contadas», Ediciones B, Buenos Aires (Argentina), 10ª edición: marzo de 2013

MASSCHELEIN, Jan – SIMONS, Maarten, «Defensa de la escuela. Una cuestión pública», trad. Antonio Francisco Rodríguez Esteban, Miño y Dávila, Buenos Aires (Argentina), 1ra. edición: marzo 2014

MATA Sara - PALERMO Zulma (compiladoras), «Travesía Discursiva: representaciones identitarias en Salta (siglos XVIII- XXI)», Prohistoria Ediciones, Rosario - Santa Fe (Argentina), 1ª edición: diciembre de 2011

MATURANA Humberto, «Desde la biología a la psicología», compilación y prólogo Jorge Luzoro García, Ed. Universitaria y Lumen, Buenos Aires (Argentina), 4ta. edición: 2004

MATURANA Humberto, «El sentido de lo humano», Granica, Santiago (Chile), 1996

MATURANA Humberto, «Emociones y lenguaje en educación y política», Dolmen / Granica, Santiago (Chile), 1997

MATURANA Humberto, «La democracia es una obra de arte», Magisterio, Bogotá (Colombia), 1995

MATURANA Humberto, «La realidad: ¿objetiva o construida? I. Fundamentos biológicos de la realidad», Anthropos, Barcelona (España), 1995

MATURANA Humberto, «La realidad: ¿objetiva o construida? II. Fundamentos biológicos del conocimiento», Anthropos, Barcelona (España), 1996

MATURANA Humberto *et al*, «Desde la biología a la psicología», Jorge Luzoro García (compilador), Universitaria – Lumen, Buenos Aires (Argentina), 2004

MATURANA Humberto R. – NISIS Sima, «Formación humana y capacitación», Granica / Dolmen, Santiago (Chile),1997-a

MATURANA Humberto R. – VARELA Francisco G., «El árbol del conocimiento. Las bases biológicas del entendimiento humano», Ed. Universitaria, Santiago (Chile), 7ª edición: noviembre de 1990

MEIRIEU Philippe, «Frankenstein educador», trad. Emili Olcina, Ed. Laertes, Barcelona (España), 3ª edición: 2007

MERCHÁN Cecilia – FINK Nadia (compiladoras), «Ni una menos desde los primeros años. Educación en géneros para infancias más libres», Las Juanas Editoras y Ed. Chirimbote, Montevideo (Uruguay), marzo de 2017

MÈLICH Joan-Carles, «La lección de Auschwitz», Herder, Barcelona (España), 2004

MILLER Alice, «Por tu propio bien. Las raíces de la violencia en la educación», trad. Juan José del Solar, Tusquets, Barcelona (España), 1998

MONTESSORI María, www.unav.edu/publicaciones/revistas/index.php/anuario- filosofico María Montessori, «La pedagogía de la responsabilidad y la autoformación, Enrique Martínez- Salanova Sánchez

MOREIRA Paulo, «*Emoções e sentimentos ilustrados. Para trabalhar com crianças entre os 4 e os 10 anos*», Porto Editora, Oporto (Portugal), 2016

MORIN Edgar, «El hombre y la muerte», no indica traductor, Kairós, Barcelona (España), 1994

NIETZSCHE Friedrich, «Genealogía de la moral», no indica traductor, Dist. Mateos S.A., M. E. Editores, SL, España, 1994

NUSSBAUM Martha, «Justicia poética», trad. Carlos Gardini, Andrés Bello, Barcelona (España), 1997

OLIMÓN NOLASCO Manuel – BONNIN BARCELO Eduardo – RUIZVERA José, «Los Derechos Humanos», Instituto Mexicano de Doctrina Social Cristiana, México DF (Mexico)1993

OLIVERI Marta, «El hombre prescindible», Ver-Mar, Buenos Aires (Argentina), 1997

ONE 2010: http://portal.educacion.gov.ar/evalciones/one/

ONE: Nuevo Operativo Nacional de Evaluación 2013: http:// www.educ.ar/sitios/educarnoticias/ver?id=118584

ONE 2013, repositorio.educacion.gov.ar/.../BOLETIN% 20CENSO%200NE%20201

ORTIZ DE MASCHWITZ Elena María, «Inteligencias en la educación de la persona», Bonum, Bogotá (Colombia), 1993

PALERMO Zulma (comp.), «Pensamiento argentino y opción descolonial», Ed. del Signo, Buenos Aires (Argentina), 2010

PASTORE Rodolfo, «Neurociencias. Cambie su GPS cerebral», Hanne, Salta (Argentina), 2018

PECES-BARBA MARTINEZ Gregorio – FERNÁNDEZ GARCÍA Eusebio y DE ASÍS ROIG Rafael, «Historia de los derechos fundamentales -Tomo II - Siglo XVIII - Volumen II- La filosofía de los derechos humanos», Dykinson S.L., Madrid (España), 2001

PIAGET Jean, «Inteligencia y afectividad», trad. María Sol Dorin, Aique, Buenos Aires (Argentina), 1ª edición 1ª reimpresión: 2005

PICABEA María Luján, «Todo lo que necesitás saber sobre literatura para la infancia», Paidós, Buenos Aires (Argentina), 2016

POWELL Jim – VAN HOWELL, «Derrida para principiantes», trad. Daniela Rodríguez Gasualdi, Era Naciente, Buenos Aires (Argentina), 2004

PRESSACCO Carlos F. (editor), «Totalitarismo, banalidad y despolitización. La actualidad de Hanna Arendt», Lom Ediciones/ Universidad Alberto Hurtado, Santiago (Chile), 1ra. edición, 2006

PUNSET Elsa, «Brújula para navegantes emocionales. Los secretos de nuestras emociones», Aguilar, Buenos Aires (Argentina), 2015

RIBEIRO Darcy, «Las Américas y la civilización 2 – Los pueblos nuevos», trad. Renzo Pío Hugarte, Centro Editor de América Latina, Buenos Aires (Argentina), 1985

RICARD Matthieu, «En defensa del altruismo. El poder de la bondad», trad. Juan José del Solar Bardelli *et al.*, Urano, Buenos Aires (Argentina), 2016

RODRÍGUEZ PÉREZ Diego, «Ensayo (la fisura del arte). Después de Auschwitz sí se puede escribir poesía». «Análisis comparativo del Dictum de Adorno con 'el pianista'». file:///E:/AUSCHWITZ%20.%tHEodor%20ADORN%20%20»Después%20de%20 Auschwitz%20si%20se%20 puede%20escribir%20

ROGERS Carl, «El camino del ser», trad. Enric Tremps, Troquel, Buenos Aires (Argentina), 1ª edición argentina: diciembre de 1989

SALOMÓN Magdalena, «Panorama de las principales corrientes de interpretación de la educación como fenómeno social», Perfiles Educativos, Revista del CISE, UNAM, Nº 8, México DF (México), 1980

SAVATER Fernando, «Ética para Amador», Ariel, Buenos Aires (Argentina), 1999

SAVATER Fernando, «Política para Amador», Ariel, Buenos Aires (Argentina), 1996

SCHICKENDANTZ Carlos (Ed.), «Religión, género y sexualidad», Edit. de la Universidad de Córdoba, Córdoba (Argentina), 2004

SCHUCMAN Helen, «Un curso de milagros (*A course in miracles*)», trad. Rosa María Wynn y Fernando Gómez Volumen Combinado, *Foundation for Inner Peace* (Fundación para la Paz Interior), *Mill Valley* (California, EUA), segunda edición: 2018, Amazon Kindle de la autora.

SEITÚN Maritchu, «Inteligencia Emocional y Estrategias en el Abordaje de la Nueva Infancia», conferencia del día sábado 9 de noviembre de 2019, en el Colegio San Pablo, Salta (Argentina), 2019

SEN Amartya, «Las teorías del desarrollo a principios del siglo XXI», en EMMERIJ Louis – NÚÑEZ José (compiladores), «El desarrollo económico y social en los umbrales del siglo XXI», no indica traductor, Banco Interamericano de Desarrollo, Washington D.C. (Estados Unidos), 1998

SEQUEIRA Adolfo (compilador), «Globalización, región y liberación. Filosofía y pensamiento latinoamericano», Ediciones del Copista, Córdoba (Argentina), 2006

SHELDRAKE Rupert, «El renacimiento de la naturaleza», trad. Jorge Piatigorsky, Paidós, Barcelona (España), 1994

SINAY Sergio, «La masculinidad tóxica. Un paradigma que enferma a la sociedad y amenaza a las personas», Ediciones B, Buenos Aires (Argentina), 2006

SKLIAR Carlos, «Y si el otro no estuviera ahí? Notas para una pedagogía (improbable) de la diferencia», Miño y Dávila, Buenos Aires (Argentina), 5ª reimpr. de la 1ª edición: 2007

SOLER Jaume – CONANGLA Maria Mercè, «La ecología emocional», Amat – RBA Libros, Barcelona (España), 1ª edición: 2007

STENHOUSE Lawrence, «Investigación y desarrollo del currículum», no indica trad., Morata, Madrid (España), 1987

STIGLITZ Joseph, «El malestar en la globalización», trad. Carlos Rodríguez Braun, Taurus, Madrid (España), 2002

TABER Beatriz, «El más antiguo oficio de la cultura», Página/12, edic. del domingo 10 de abril de 2005: www.pagina12.com.ar/diario/psicologia/subnotas,9-16718.2005-04-10.html

TALENT SMART AND CONTRIBUTORS (De Lazaro, Sue; Monday, Melissa; Riley, Jean; Su, Lac D.; Tasler, Nick; Thomas, Eric; Zan, Lindsey), «*Emotional Intelligence 2.0*», *Talent Smart,* San Diego (California, USA), 2009. Mi traducción.

TOULMIN Stephen Edelston, «Cosmópolis. La trastienda de la Modernidad», trad. Bernardo Moreno Carrillo, Península, Barcelona (España), 2001

TOURAINE Alain, «El nuevo paradigma. Para comprender el nuevo milenio», trad. Agustín López Tobajas, Paidós, Buenos Aires (Argentina), 2006

ULLOA Fernando O., «Novela clínica psicoanalítica. Historial de una práctica», Paidós, Buenos Aires (Argentina), 1995. Puede ser consultado en: www.terras.edu.ar/biblioteca/16/16TUT_Ulloa_ Unidad_2.pdf (consulta del 08/01/17).

VAN MANEN Max, «El tono en la enseñanza. El lenguaje de la pedagogía», trad. Roc Filella, Paidós, Barcelona (España), 2004

VARELA CALVO Corina – PLASENCIA CRUZ Inés del Carmen, «El proyecto Spectrum: aplicación y actividades de aprendizaje de ciencias en el primer ciclo de la Educación Primaria», Revista de Educación, Madrid (España), 2006. Ver en:

www.researchgate.net/publication/28119465_El_pro-
yecto_Spectrum_aplicacion_y_actividades_de_aprendi-
zaje_de_ciencias_en_el_primer_ciclo_de_la_ Educacion_ Primaria

VARELA Cristian, «Institución de la ternura», Diario «Pá-
gina/12», edición del domingo 10 de abril de 2005. www.
pagina12.com.cor/   diario/psicologia/9-49399-2005-04-
10.html

WAGENSBERG Jorge, «Ideas sobre la complejidad del
mundo», Tusquets, Barcelona (España), 2003

WALLERSTEIN Immanuel, «Geopolítica y cultura», Kairós,
Barcelona (España), 2007

WATZLAWICK Paul – WEAKLAND John F. – FISCH Richard,
«Cambio. Formación y solución de problemas humanos»,
trad. Alfredo Guerra Miralles, Barcelona (España), Herder,
1999

WERNER Emma Elizabeth, Investigación sobre Resiliencia:
(https://es.scribd.com/doc/37247630/Resiliencia-con-
cepto-y orígenes). WILBER Ken, «La conciencia sin fronteras», trad. Marta I. Guastavino, Kairós, Barcelona (España),
1998

ZEA Leopoldo, «América en la historia», Editorial Revista
de Occidente, Madrid (España), 1970

ÍNDICE

Impreso en Amazon
USA 2022